VOIR SON STEAK
COMME UN ANIMAL MORT

MARTIN GIBERT

VOIR SON STEAK COMME UN ANIMAL MORT

Véganisme et psychologie morale

© Lux Éditeur, 2015
www.luxediteur.com

Dépôt légal : 2ᵉ trimestre 2015
Bibliothèque et Archives Canada
Bibliothèque et Archives nationales du Québec

ISBN : 978-2-89596-201-4
ISBN (ePub) : 978-2-89596-660-9

Ouvrage publié avec le concours du Conseil des arts du Canada, du
Programme de crédit d'impôt du gouvernement du Québec et de la SODEC.
Nous reconnaissons l'aide financière du gouvernement du Canada par
l'entremise du Fonds du livre du Canada (FLC) pour nos activités d'édition.

*Qu'y a-t-il pourtant de plus abominable que
de se nourrir continuellement de cadavres ?*

VOLTAIRE

*Ce n'est pas une obligation de manger des
animaux, nous choisissons de le faire. C'est
donc un choix moral et un choix qui a un
impact considérable sur la planète.*

James CAMERON

*Nous aimons les chiens et mangeons des
vaches non parce qu'ils sont
fondamentalement différents – les vaches,
comme les chiens, ont des sentiments, des
préférences et une conscience – mais parce que
nous les percevons comme différents.*

Melanie JOY

*Je pense qu'il y a un lien – et je ne peux pas
être plus précise que ça – entre la manière
dont nous traitons les animaux et celle
dont nous traitons les gens qui sont en bas
de la hiérarchie sociale.*

Angela DAVIS

UN MOUVEMENT
POLITIQUE ET MORAL

J'aime la viande. L'été venu, lorsque l'odeur des barbecues envahit les ruelles de Montréal, je ravale ma salive. J'aime la charcuterie, le fromage et les mouillettes qu'on trempe dans les œufs à la coque. J'aime aussi le contact du cuir et de la fourrure. Pourtant, je ne mets plus de produits animaux dans mon assiette ou sur mes épaules. Je ne cautionne plus la souffrance animale. Je suis végane.

Je n'aime pas particulièrement les animaux. J'ai une empathie ordinaire et je pourrais certainement faire du mal à une mouche. Enfant, j'ai entendu sans m'évanouir les cris du cochon qu'on égorge dans une arrière-cour auvergnate. Dans mon rapport aux animaux, je suis un type normal. Sauf que je suis aussi sensible aux arguments et aux raisons morales. Et aujourd'hui, ces raisons – en éthique animale et environnementale – sont devenues trop sérieuses pour qu'on rejette le véganisme d'un haussement d'épaules ou d'un revers de la main.

Le véganisme n'est pas un régime alimentaire. C'est un mouvement social qui mérite d'être mieux connu. C'est un mouvement de résistance à l'oppression dont sont victimes les animaux que nous exploitons pour leur viande, leur lait ou leur fourrure.

Comment le définir simplement ? Ce n'est pas le végétarisme qui consiste à s'abstenir de chair animale. Ce n'est pas non plus tout à fait le végétalisme qui désigne un régime alimentaire sans produits animaux. En fait, au-delà de l'assiette, le véganisme cherche aussi à lutter contre toutes les formes d'exploitation et de souffrance animales : cuir, fourrure, tests médicaux, divertissement (corrida, zoo), abandon et maltraitance des animaux de compagnie, etc. Autrement dit, alors qu'on peut être végétalien pour de simples raisons de santé personnelle, on est toujours végane pour des raisons politiques et morales.

L'argument de base est simple. S'il est possible de vivre sans infliger de souffrances non nécessaires aux animaux, alors nous devrions le faire. Or, au XXIe siècle et dans des pays industrialisés comme la France ou le Canada, il n'est plus nécessaire de manger de la viande, du poisson ou des produits laitiers pour être en bonne santé (en fait, de plus en plus d'études suggèrent même le contraire). Il n'est plus nécessaire de porter de la fourrure ou du cuir pour se protéger du froid. Et, faut-il le préciser, il n'est pas nécessaire d'utiliser des cosmétiques testés sur les animaux ou de se divertir au spectacle de leur oppression.

Pourtant, la consommation mondiale d'animaux ne cesse d'augmenter. Comme on peut le voir sur le site web *Occupy for animals*, chaque minute, dans le monde, 5 chevaux, 22 chiens, 400 veaux et vaches, 700 moutons, 930 dindes, 1 700 cochons, 3 000 canards et plus de 60 000 poulets sont abattus pour la consommation humaine[1]. Et durant cette même minute, ce sont aussi plus de 120 000 animaux marins qui vont périr dans des filets – le plus souvent par asphyxie. Voilà les chiffres. Et voilà pourquoi le moine bouddhiste Matthieu Ricard[2] n'hésite pas à donner à cette tuerie le nom de « zoocide ».

Le véganisme, le choix de la cohérence

Comme beaucoup de véganes, je suis d'abord passé par une phase quasi végétarienne. Je veux dire par là que j'essayais de ne consommer que de la « viande heureuse », produite par des petits éleveurs québécois. Mais plus je m'informais sur la réalité de ce type d'élevage, plus je comprenais la nature de l'argument en éthique animale, et plus je me « radicalisais ». Il m'apparaissait de plus en plus clairement que tuer un être sensible sans nécessité n'était pas davantage acceptable dans les champs que dans des usines à viande.

Lorsque j'en consommais encore, je pensais naïvement que, puisque les produits laitiers n'impliquaient pas directement la mort de l'animal, ils étaient moralement admissibles. En réalité, comme tous les mammifères, les vaches ont des besoins physiques, psychologiques et sociaux qui s'accommodent mal d'une vie en stabulation libre ou entravée. Et comme tous les mammifères, les vaches ne produisent pas du lait pour le marchand de fromage, mais pour nourrir leurs petits. Elles sont donc régulièrement inséminées pour maximiser le nombre de gestations – et le temps de lactation – puis séparées de leurs veaux à la naissance (afin qu'ils ne boivent pas « notre » lait). Cette séparation entraîne évidemment une importante détresse. Quant aux petits, les femelles deviendront des vaches laitières et les mâles de la viande de veau. Après quatre ou cinq ans (alors qu'elle peut vivre jusqu'à vingt ans), c'est la vache elle-même qui deviendra de la viande hachée. Bref, en pratique, la filière lait est indissociable de la filière viande*. Boycotter la viande tout en continuant à acheter des produits d'origine animale, c'est donc ignorer la réalité de l'élevage, et ce même dans les petites fermes.

De leur côté, la plupart des poules pondeuses sont élevées en batterie sans voir la lumière du soleil et vont vivre environ deux ans (au lieu de huit ans). Il faut aussi savoir que, pour chaque poule pondeuse qui voit le jour, un poussin mâle a fini dans la broyeuse puisqu'il est inutile (les poulets de chair sont une race différente dont la génétique a été optimisée pour produire beaucoup de viande en six semaines). Et ceci vaut aussi pour les élevages bios ou plus respectueux des besoins des animaux.

---

* Pour plus de détails, voir le livre très complet d'Élise Desaulniers, *Vache à lait. Dix mythes de l'industrie laitière,* Montréal, Stanké, 2013.

Il faut enfin noter que le cuir n'est pas seulement un produit dérivé de l'industrie agroalimentaire. De nombreux animaux sont élevés uniquement dans ce but. C'est aussi le cas pour la fourrure et ses sinistres «fermes» très présentes au Québec : on a compris depuis longtemps qu'il était plus économique d'élever des visons ou des renards dans des cages que d'aller poser des pièges dans les bois.

On présente parfois le véganisme comme un végétarisme radical. Ce serait une affaire d'extrémistes ou de *hipsters* qui veulent se faire remarquer. Pourtant, comme je vais essayer de le montrer dans ce livre, du point de vue de l'éthique environnementale et animale, opter pour le véganisme plutôt que pour le végétarisme, c'est simplement faire le choix de l'efficacité et de la cohérence.

Il n'empêche que le véganisme fait peur. Le véganisme fait chier. Il nous intime de changer nos habitudes (surtout alimentaires) et en appelle à notre responsabilité morale. Sa simple existence – et la possibilité qu'il incarne – rend chaque jour l'omnivore un peu plus complice du zoocide qu'il ne veut pas voir. Oui, le véganisme fait ça.

Ce qui est à la fois surprenant et assez désolant, c'est que nous sommes, dans le fond, tous d'accord sur les questions d'éthique animale (voir le chapitre 1). Personne ne conteste l'horreur des élevages et des abattoirs. Personne ne croit sérieusement qu'il est moralement acceptable de maltraiter et de tuer un être sensible, intelligent et social comme un cochon parce que, du bacon, c'est bon. Si l'on ajoute à cela des considérations environnementales (voir le chapitre 2), tout un chacun devrait minimalement, sinon être végane, du moins faire la promotion du véganisme. D'où la question : pourquoi n'est-ce pas le cas ?

Une question de perception morale

Je suis végane, mais je suis aussi docteur en philosophie morale. Je m'intéresse en particulier à la formation des jugements moraux. Quels facteurs les conditionnent ? Quelle est la part de raisonnement, d'intuition ou d'affect derrière une croyance morale ? Ces questions, aux confluences de l'éthique et de la psychologie, définissent un domaine aujourd'hui en pleine expansion : la psychologie morale.

Dans mon livre *L'imagination en morale,* j'ai soutenu que notre perception morale était souvent défaillante. Lorsque nous sommes devant une situation comme un dilemme, par exemple, il nous arrive de manquer ce qui compte moralement. Certains éléments de la situation sont « sous-exposés ». La principale thèse du livre, c'est que l'imagination peut en partie y remédier – par la mise en perspective, le recadrage ou la comparaison contrefactuelle. L'imagination peut enrichir notre connaissance et élargir notre perception morale.

Dans le cas des animaux, cette théorie suggère par exemple qu'on devrait essayer de prendre leur perspective et de se figurer, par empathie, leurs expériences. Elle insiste aussi sur l'idée qu'un steak peut être aussi bien perçu (ou cadré) comme un mets appétissant que comme un animal mort – et qu'une de ces deux versions est davantage pertinente pour notre évaluation morale. Elle propose enfin de toujours analyser une situation en tenant compte de ce que les choses *pourraient* être (en pire ou en mieux).

De façon plus générale, cela revient à dire que la connaissance est bonne. Mieux nous comprenons une situation, plus nos jugements moraux seront justes ou appropriés. Ma thèse débouche finalement sur une idée assez triviale. Mais elle rappelle l'importance de la connaissance morale : car on oublie trop souvent que la réalité morale est complexe – et hérissée de biais cognitifs. On oublie qu'il n'est pas toujours facile de voir ce qui importe.

Je crois que notre rapport aux animaux témoigne précisément d'une perception morale défaillante et confuse. Nous ne voulons pas voir l'oppression massive dont ils sont victimes. Nous ne voulons pas même les voir comme des individus. En psychologie, on parle du « paradoxe de la viande » pour caractériser l'attitude ambivalente qui consiste à aimer les animaux tout en aimant consommer leur chair (voir le chapitre 3). Ce paradoxe engendre une dissonance cognitive que les gens cherchent à atténuer en mobilisant toutes sortes d'alibis.

Certains se réfugient dans le dogmatisme. Pourquoi faudrait-il y voir un problème moral ? Après tout, « ce ne sont que des animaux ». Et ce dogmatisme se reconnaît à son refus du débat. Ainsi, le philosophe et cofondateur des *Cahiers antispécistes,* David Olivier, rapporte l'anecdote suivante : « Il m'est arrivé récemment de presque supplier, de dire (à une anarchiste, d'ailleurs) : "Mais dis-moi, pourquoi, donne-moi un seul argument, pourquoi forcément tu considères que la souffrance des poules en batterie est un sujet secondaire..." Sa seule réponse : "Pour moi, c'est comme ça" (*texto*). Pourquoi ? Parce que[3]. »

J'ai écrit ce livre pour tenter d'éclairer ce point aveugle. Pour mieux saisir ce mur contre lequel bute la rationalité. Comment se fait-il que des personnes qui sont par ailleurs intelligentes, progressistes et sensibles aux injustices se crispent à ce point lorsqu'on évoque la souffrance dissimulée dans les rillettes ou le foie gras ? Pourquoi la gauche – caviar ou merguez – ne mentionne-t-elle jamais l'oppression des animaux ? J'ai écrit ce livre parce que je me demandais si ceux qui luttent pour l'égalité ou contre les oppressions pourront encore longtemps ignorer le spécisme.

Je ne prétends pas avoir trouvé la bonne réponse, impérieuse et définitive. Il me reste encore de nombreuses questions sur ces intuitions spécistes qui, à gauche comme à droite, refusent d'inclure les animaux dans le cercle de la moralité. Je n'ai pas épuisé le sujet, mais je pense avoir plusieurs pistes intéressantes.

En lisant les recherches en psychologie expérimentale, on peut repérer différents facteurs. L'être humain est conservateur. Il n'aime pas le changement et il supporte mal qu'on lui dise quoi faire. L'être humain est aussi conformiste. Il ne cesse de se comparer aux autres et se préoccupe de ce qu'ils pensent de lui. Et surtout, il ne veut pas perdre une once de pouvoir : il se cramponne à ses privilèges (voir le chapitre 4). Voilà peut-être où se tapit la racine du mal, dans la propension à la *dominance sociale*.

J'ai aussi écrit ce livre pour faire mon intéressant. Je veux dire qu'il m'intéressait de comprendre mon propre cheminement. Pourquoi suis-je devenu végane ? Comment ai-je pu si peu me soucier des animaux ? Quelle aurait été ma réaction aux arguments que je présente dans ce livre si j'étais encore omnivore ? Suis-je vraiment capable d'agir pour des raisons morales ? Pourquoi ne l'ai-je pas fait plus tôt ?

Il faut dire que notre environnement social et culturel ne facilite pas les choses. Presque tout, dans nos sociétés, concourt à présenter l'exploitation animale comme naturelle, normale et nécessaire. Cette idéologie – car c'en est une ! – vise à rendre la souffrance animale invisible et à nous préserver du paradoxe de la viande. Elle brouille et déforme notre perception de la réalité.

Autour de nous, dans les représentations médiatiques et sur les emballages, les animaux sont heureux. Ils sont même hilares sur des boîtes de fromage toutes rondes. Les abattoirs n'ont pas de mur de verre. Les livres pour enfants n'évoquent pas la castration à froid des trois petits cochons. Les émissions de cuisine répètent à l'envi qu'il n'y a pas de vrai repas sans de l'animal mort. Pour moi, voilà ce qui a changé : je perçois désormais les linéaments discrets qui tissent le carnisme ordinaire.

Une autre chose est patente. Entre les jours anciens où je me régalais de couscous d'agneau et le moment où j'écris ce livre, mes « valeurs morales » n'ont pas vraiment changé. Mes intuitions de base sont identiques. Moralement parlant, je ne suis pas devenu une nouvelle personne. J'ai seulement l'impression d'y voir un peu plus clair. Ma boussole éthique, comme disent les Anglo-Saxons, est plus précise. Mes valeurs n'ont pas changé, mais elles se sont affirmées. Il y a des choses qui ne passent plus.

Éthique, environnement, psychologie et politique

Dans le premier chapitre, je propose une petite introduction à l'éthique animale. Chez les spécialistes, on peut dire qu'il existe un large consensus pour condamner nos pratiques actuelles. En effet, qu'ils abordent l'éthique animale en éthiciens de la vertu, en conséquentialistes ou en déontologues, les philosophes s'accordent au moins sur un point : nous ne devrions pas infliger de souffrances aux animaux lorsque ce n'est pas nécessaire. Il s'ensuit qu'il n'est pas moralement acceptable d'envoyer des animaux à l'abattoir pour en faire des cheese-burgers. En un sens, le véganisme n'est rien de plus que la mise en œuvre de cette intuition morale assez commune. Les réflexions plus récentes en éthique animale – autour de la zoopolitique ou de l'éco-féminisme – donnent même à penser que ce débat est clos.

Avec le second chapitre, commence véritablement l'enquête en psychologie morale. D'où vient notre apathie collective devant le réchauffement climatique ? Et pourquoi parle-t-on si peu des conséquences de notre régime alimentaire sur la planète ? En effet, le dernier rapport de l'Organisation des Nations Unies pour l'alimentation et l'agriculture établit à 14,5 % la part des gaz à effet de serre (GES) qui provient directement de notre consommation d'animaux. C'est davantage que la part des GES imputée à l'ensemble des transports. À cela s'ajoutent les graves conséquences de l'élevage sur l'environnement : pollution des eaux, perte de biodiversité, déforestation, etc. Je soutiens qu'appliqué à la crise environnementale, le conséquentialisme de la règle milite pour que tous ceux et celles qui le peuvent deviennent véganes. Mais je crois surtout qu'une attitude responsable pour quiconque comprend les enjeux écologiques devrait être, au minimum, de faire la promotion du véganisme. C'est dans l'intérêt de la planète et des êtres humains présents et à venir.

S'il est vrai que les considérations en éthique animale et environnementale sont si favorables au véganisme, pourquoi les véganes sont-ils si peu nombreux ? Telle est la question centrale du troisième chapitre. Je propose d'analyser les principaux mécanismes de résistance à ces arguments comme autant de manières d'apaiser un état de profonde dissonance cognitive. Je présente les travaux de psychologie expérimentale sur ce qu'on nomme le paradoxe de la viande et je montre comment une idéologie très efficace, le carnisme, dissimule la violence que subissent des animaux.

Le dernier chapitre traite de la manière dont le spécisme, c'est-à-dire la discrimination moralement arbitraire selon l'espèce, peut s'inscrire dans une logique plus large de domination. Pour plusieurs auteurs, il y a beaucoup plus qu'une analogie entre le sexisme, le racisme et le spécisme. L'approche intersectionnelle et la notion de privilège offrent les assises d'un mouvement «anti-oppression» dont le véganisme n'est qu'une des dimensions. Des travaux récents de psychologie sociale suggèrent par ailleurs que l'attitude envers les animaux détermine celle envers les groupes humains jugés inférieurs.

J'ai dit plus haut qu'on pouvait s'étonner que si peu de progressistes se revendiquent comme véganes. Il y a heureusement de plus en plus d'exceptions. Ainsi, la grande figure de la gauche américaine Angela Davis, dont l'engagement pour les droits civiques et contre la guerre du Vietnam est bien connu, vient de faire son *coming out* végane:

> D'habitude, je ne mentionne pas que je suis végane, mais c'est en train de changer. Je pense que c'est un bon moment pour en parler, parce que cela s'inscrit dans une perspective révolutionnaire – à savoir comment nous pouvons développer des relations plus compatissantes non seulement avec les êtres humains, mais aussi avec d'autres créatures, celles-là mêmes avec lesquelles nous partageons cette planète. Et cela signifie aussi remettre complètement en cause le mode capitaliste industriel de production de la nourriture[4].

CHAPITRE 1

LE CONSENSUS
EN ÉTHIQUE ANIMALE

7 juillet 2012, Université de Cambridge, Angleterre.
C'est un colloque presque comme les autres. Des
chercheurs de tous les pays sont venus présenter
leurs plus récents travaux. Ils sont spécialistes en
neurosciences cognitives, neuro-anatomie, neuro-
physiologie ou neuropharmacologie. Mais s'il n'est
pas tout à fait comme les autres, ce colloque, c'est
parce qu'il se clôt par une signature. Tous les participants, auxquels s'est joint le célèbre physicien
Stephen Hawking, paraphent ce qui est maintenant connu comme la «Déclaration de Cambridge
sur la conscience animale», un document d'un peu
plus d'une page qui se conclut par ces mots: «Les
humains ne sont pas seuls à posséder les substrats
neurologiques de la conscience. Des animaux non
humains, notamment l'ensemble des mammifères
et des oiseaux ainsi que de nombreuses autres
espèces telles que les pieuvres, possèdent également
ces substrats neurologiques[1].»

Déclarer que les animaux sont conscients,
c'est reconnaître qu'ils peuvent ressentir – on dit

d'ailleurs aussi qu'ils sont « sentients* ». La conscience animale est donc la capacité à ressentir du plaisir, de la douleur et des émotions. La chose peut sembler évidente pour quiconque a caressé un chien ou joué avec un chat. Mais il n'en a pas toujours été ainsi. On raconte, par exemple, que le philosophe Nicolas Malebranche, battant son chien, commentait sans rire : « Ça crie, mais ça ne sent pas. » Ce partisan de la théorie cartésienne des animaux-machines déniait la souffrance et la conscience à tous les animaux. Et, par là même, il respectait aussi la vieille tradition judéo-chrétienne de « l'exception humaine » : l'homme serait par nature distinct du reste de la création divine[†].

Toutefois, depuis Descartes et Malebranche, Charles Darwin a révolutionné notre compréhension du vivant. La science actuelle ne peut plus accepter l'idée d'une différence de nature entre l'homme et les autres espèces animales. Et cela vaut en particulier pour le cerveau des verté-

---

* En français, l'usage du terme « sentience » (de l'anglais *sentience*) est apparu pour désigner la capacité à ressentir, à percevoir et à avoir une expérience subjective du monde. Il est plus précis que le terme très difficile à définir de « conscience » qui recouvre parfois des capacités métacognitives, l'idée de conscience de soi, voire de conscience morale.

† Le chapitre 4 développera ce point plus en détail. Notons tout de même ici que l'Organisation des Nations Unies reconnaît officiellement l'existence de « cultures animales ». Pierre Sigler donne plusieurs exemples de comportements culturels chez les animaux : « L'existence des cultures animales est officiellement reconnue », *Huffington Post*, 21 janvier 2015, (www.huffingtonpost.fr/pierre-sigler/animaux-culture-sociologie_b_6499768.html).

brés, comme le note ici Christof Koch, un des signataires de la déclaration de Cambridge :

> Le cortex cérébral est remarquablement constant à travers les espèces. Il faut un neuro-anatomiste expert pour deviner si un petit morceau de cortex cérébral provient d'une souris, d'un singe ou d'une personne humaine. Nos cerveaux sont gros, mais d'autres créatures – les éléphants, les dauphins et les baleines – en ont de plus gros encore. Il n'y a pas de différence qualitative entre une souris, un singe ou un humain au niveau du génome, des synapses, des cellules ou des connexions. Les différences sont quantitatives – le cerveau humain a 86 milliards de neurones, soit 1 000 fois plus qu'un cerveau de souris[2].

De façon générale, plus on étudie les animaux, plus on est surpris par leurs capacités cognitives. On sait ainsi qu'une vache peut dissimuler son veau à l'éleveur ou que des cochons se plaisent à jouer à des jeux vidéo[3]. On a même récemment montré qu'un perroquet passait avec succès le test du marshmallow. Dans cette expérience classique de psychologie, on donne une sucrerie à un enfant tout en lui disant que, s'il résiste à la tentation de la manger tout de suite, il en aura une autre plus tard. Or, un perroquet jaco est capable de se retenir jusqu'à un quart d'heure pour obtenir une double ration de nourriture – une retenue comparable à celle d'un enfant de cinq ans[4].

Pour la première fois, en 2011, après avoir entraîné des chiens pendant plusieurs mois, on a obtenu par résonance magnétique des images de leurs cerveaux en activité. Cela a renforcé la conviction du professeur Gregory Berg, responsable de cette étude : nous devrions reconnaître les chiens comme des personnes. Les premiers résultats suggèrent en effet qu'ils sont capables d'éprouver des émotions positives comme l'attachement ou l'amour, ce qui signifierait que « les chiens ont un niveau de sentience comparable à celui d'un enfant humain[5] ».

En réalité, il n'y a absolument rien de surprenant à ce que de nombreux animaux soient, tout comme les humains, capables d'éprouver du plaisir, de la douleur et bien d'autres types d'états mentaux*. Non seulement nos cortex cérébraux sont physiologiquement les mêmes, mais plusieurs fonctions cognitives sont analogues. L'expérience de la douleur est une réponse biologique adaptée à certains contextes. Au cours de l'évolution, le cerveau humain n'est pas le seul à avoir développé ce mécanisme.

Cela n'empêche évidemment pas des différences importantes entre les cognitions humaines et non humaines. Mais cela signifie aussi qu'en ce qui concerne les espèces sentientes, on ne devrait plus se comporter comme nos ancêtres du xviie siècle. C'est précisément sur ce socle que va se bâtir le consensus en éthique animale.

---

* Le spécialiste des émotions animales, Marc Bekoff, raconte même comment, dans un premier temps, il a trouvé absurde l'idée d'une « déclaration sur la conscience des animaux » tellement la chose lui semblait évidente. Marc Bekoff, « Les animaux sont conscients et devraient être traités en conséquence », *Association sentience,* 20 janvier 2015, (Voir http://asso-sentience.net/les-animaux-sont-conscients-et).

L'initiateur de la déclaration de Cambridge, le chercheur de l'université Stanford, Philip Low, semble l'avoir bien compris. Quelques jours après le colloque, alors qu'on lui demandait ce que cela allait changer pour lui, voici ce qu'il a répondu : « Je pense que je vais devenir végane. Il est impossible de ne pas être affecté par cette nouvelle manière de voir les animaux, et en particulier par leur expérience de la souffrance. Ça ne va être facile, j'adore le fromage[6]. »

Si Philip Low envisage le véganisme, c'est parce qu'il considère que c'est aujourd'hui l'option la plus cohérente. C'est en tout cas ce vers quoi devrait nous conduire l'idée selon laquelle les animaux ont intérêt à ne pas souffrir. Car, comme le soulignait déjà le philosophe Jeremy Bentham en 1834 : « La question n'est pas : Peuvent-ils raisonner ?, ni : Peuvent-ils parler ?, mais : Peuvent-ils souffrir[7] ? »

Aux dernières nouvelles, Philip Low est bien devenu végane[8]. Il a aussi perdu du bide.

Y a-t-il une obligation morale d'être végane ?

Dans ce premier chapitre, je vais faire un rapide tour d'horizon des différentes positions en éthique animale. Après avoir montré qu'il existe un consensus autour de l'idée que nous ne devrions pas faire souffrir les animaux sans nécessité, je vais expliquer pourquoi il est raisonnable de penser que cela implique le véganisme. Il existe évidemment des clivages en éthique animale, mais ils ne concernent pas – ou plus – la question de savoir s'il faut promouvoir le véganisme. Aujourd'hui, les questions qui font débat sont plutôt celles de savoir comment vivre avec les animaux dans nos communautés politiques ou si l'oppression spéciste* suit la même logique que l'oppression patriarcale.

Dans la tradition philosophique anglo-saxonne, on a l'habitude de dire qu'il existe trois grandes familles de théories morales : l'éthique de la vertu, le déontologisme et le conséquentialisme. Il est généralement possible de ramener tous les arguments et toutes nos intuitions morales à l'un de ces courants.

On retrouve ces trois perspectives dans ce domaine de l'éthique appliquée qu'est l'éthique animale. On peut aussi les retrouver dans des contextes plus alléchants. Par exemple, vous êtes au restaurant. Sur la carte, on propose un cheeseburger ou un végéburger. Le cheeseburger contient de la viande hachée provenant, comme c'est souvent le cas, de vaches laitières réformées. Êtes-vous moralement blâmable si vous choisissez le cheeseburger (ou la blanquette de veau, ou tout autre morceau d'animal) ?

Répondre à cette question, c'est faire de l'éthique. En effet, l'éthique ou la morale (je ne ferai pas de distinction) demande : comment devrions-

---

* Les *Cahiers antispécistes* définissent ainsi la notion de spécisme : « Le spécisme est à l'espèce ce que le racisme et le sexisme sont respectivement à la race et au sexe : la volonté de ne pas prendre en compte (ou de moins prendre en compte) les intérêts de certains au bénéfice d'autres, en prétextant des différences réelles ou imaginaires, mais toujours dépourvues de lien logique avec ce qu'elles sont censées justifier. » (Voir www.cahiers-antispecistes.org/spip.php?article13.)

nous agir? Autrement dit, l'éthique ne vise pas à décrire des actions, mais plutôt à les justifier ou à les condamner. Voilà pourquoi le fait que les hommes ont toujours mangé de la viande ou qu'ils soient naturellement omnivores n'est pas un argument en faveur du cheeseburger. C'est un simple fait. Or, le fait qu'une chose soit naturelle ou qu'elle ait toujours existé ne nous dit rien de sa valeur morale (les philosophes parlent de sophisme naturaliste lorsqu'on prétend enfreindre cette règle). Après tout, les tsunamis, les virus et la violence sont on ne peut plus naturels.

Peu importe donc que l'être humain s'apparente aux carnivores ou aux herbivores. La longueur de nos intestins et de nos canines est un fait de l'évolution : elle ne peut déterminer ce qu'il est moralement acceptable ou condamnable de manger. La question n'est pas « Allez-vous bien digérer ce cheeseburger ? » ni « Vos ancêtres en auraient-il mangé ? », mais bien plutôt « Est-ce moralement légitime ? Devriez-vous le commander ? »

Ces questions relèvent de l'éthique animale, car elles concernent nos devoirs envers les animaux pris individuellement (les questions sur les *espèces animales* relèvent, elles, de l'éthique environnementale). Quasi inexistante il y a cinquante ans, cette discipline s'est considérablement développée depuis la parution, en 1975, du fameux livre de Peter Singer, *La libération animale*. Elle est aujourd'hui l'un des plus stimulants domaines de l'éthique appliquée. Et comme tout domaine de recherche, l'éthique animale recouvre des clivages théoriques et de nombreux débats. Pourtant, ce qui ne manque pas de frapper, c'est qu'il existe aussi un consensus. En effet, tous s'accordent sur une obligation morale simple : nous ne devrions pas infliger sans nécessité de souffrance aux animaux.

L'éthique de la vertu et de la cruauté

Concrètement, qu'est-ce que cela implique pour le cheeseburger ? Y a-t-il une obligation morale de choisir le végéburger au restaurant ? Le rôle des théories morales consiste précisément à répondre à ce type de question – en s'appuyant sur des principes de base et des règles de cohérence. Or, pour évaluer une action, l'éthicien peut s'intéresser à différents aspects de celle-ci : l'agent, c'est-à-dire la personne qui agit, l'action elle-même ou encore les conséquences de l'action. Ce sont ces trois « centres d'intérêt » qui, dans la philosophie analytique anglo-saxonne, distinguent les trois familles de théories morales dont on passera brièvement en revue les réponses au problème du cheeseburger.

L'éthique de la vertu, qui nous vient d'Aristote, se concentre sur l'agent : une bonne action, c'est celle qu'accomplit ou que pourrait accomplir une bonne personne. Et qu'est-ce qu'une bonne personne ? C'est, selon les versions, Bouddha, Socrate, Gandhi, Martin Luther King, Aung San Suu Kyi ou votre grand-mère. En fait, c'est surtout une personne qui possède et exerce un certain nombre de vertus telles que la justice, l'honnêteté, le courage ou la bienveillance. D'où la question : que devrait manger une bonne personne ?

Sans doute peut-on imaginer des situations dans lesquelles même Gandhi (qui prônait pourtant le véganisme) mangerait de la viande. Une action n'est pas louable ou blâmable indépendamment du contexte. Sur une île déserte où des lapins seraient la seule ressource, il y a tout à parier qu'une personne vertueuse ne se laisserait pas mourir de faim. En éthique animale, la plupart des auteurs tiennent compte de l'intuition largement partagée selon laquelle une vie humaine, en cas de conflit, devrait l'emporter sur une vie non humaine[*]. Mais peu d'entre nous vivent sur une île déserte ou dans une communauté inuite du Grand Nord canadien. La question reste donc entière : est-il moralement condamnable de commander le cheeseburger plutôt que le végéburger ?

En fait, il est difficile d'imaginer qu'une personne vertueuse puisse infliger en toute conscience des souffrances non nécessaires aux animaux. Cela témoignerait d'un manque d'empathie et de compassion qui correspond mal à un caractère vertueux. Dans le pire des cas, ce pourrait même être l'indice du contraire : un goût pour la cruauté, une forme de sadisme. On sait d'ailleurs qu'un trait souvent présent chez les psychopathes est de prendre plaisir à torturer les animaux.

---

[*] Gary Francione propose même d'en faire le second principe de base de son livre sur l'éthique alimentaire, *Eat Like You Care: An Examination of the Morality of Eating Animals* (Logan [UT], Exempla Press, 2013, traduction française à paraître aux éditions L'Âge d'homme) : « Le second principe veut qu'en dépit du fait que les animaux comptent moralement, les humains comptent davantage. »

Pour le moine Matthieu Ricard, qui rappelle comment l'éthique bouddhiste vise à développer l'altruisme et la bienveillance, il devrait aller de soi qu'une bonne personne se soucie des animaux. « L'altruisme et la compassion véritables ne devraient pas connaître de barrières[9]. » L'homme n'a malheureusement pas le monopole de la vulnérabilité et de la souffrance.

Certes, commander le cheeseburger ne signifie pas infliger *directement* des souffrances non nécessaires. Mais c'est assurément en partager la responsabilité. Et c'est pour nous le rappeler que les produits véganes sont parfois étiquetés *cruelty free* (sans cruauté). Celui qui choisit le cheeseburger est alors blâmable soit de ne pas avoir consulté les informations accessibles sur la production des burgers, soit pour son manque de volonté – deux attitudes peu compatibles avec ce qu'on peut attendre d'une bonne personne.

A contrario, celui qui est prêt à sacrifier son plaisir gustatif afin d'épargner de la souffrance ne fait-il pas preuve de compassion et d'un sens de la justice ? C'est aussi, assurément, une preuve de bonté, cette vertu qui, pour Milan Kundera, devrait être au cœur de notre humanité. « La vraie bonté de l'homme ne peut se manifester en toute pureté et en toute liberté qu'à l'égard de ceux qui ne représentent aucune force. Le véritable test moral de l'humanité (le plus radical, qui se situe à un niveau si profond qu'il échappe à notre regard), ce sont ses relations avec ceux qui sont à sa merci : les animaux[10]. »

Le déontologisme et les droits

On peut épargner des souffrances aux animaux par empathie, bienveillance, justice ou pitié. Mais on peut aussi le faire parce qu'on respecte des droits fondamentaux: ceux des animaux à ne pas être maltraités et tués. C'est cette approche que va privilégier le déontologisme. Pour cette seconde théorie morale, l'attention se concentre non plus sur l'agent, mais sur l'action. Et qu'est-ce qu'une bonne action? C'est celle qui respecte certaines normes morales, c'est-à-dire des obligations, des interdictions ou des permissions.

Et voilà pourquoi le déontologue apprécie le concept de droit. En effet, dire que les humains ont des droits, c'est dire que certaines actions à leur égard sont obligatoires (leur venir en aide), interdites (les torturer) ou permises (signer des contrats). Mais qu'en est-il des obligations humaines à l'égard des animaux? Ceux-ci ont-ils des droits que nous devrions respecter? Ces droits moraux devraient-ils se traduire dans des textes de loi? Non, aurait répondu Emmanuel Kant: seuls les humains ont des droits. Les animaux ne sont pas des sujets moraux, car ils ne sont pas rationnels.

En éthique animale, les déontologues contestent cette réponse et répliquent que le critère de la rationalité est arbitraire lorsqu'il s'agit de protéger l'intérêt d'un individu à ne pas souffrir. En effet, la souffrance serait-elle indexée sur le quotient intellectuel? Les idiots souffriraient-ils moins que les génies? Un animal capturé pour être conduit chez le vétérinaire pourrait craindre pour sa vie et être plus stressé qu'un humain que l'on amène de force chez le médecin, mais à qui on explique que c'est pour son bien et que ce sera de courte durée. En réalité, pour déterminer la capacité à souffrir d'un individu, sa rationalité n'est pas plus pertinente que la sensibilité de son odorat ou sa tendance au stress.

Si le critère de la rationalité paraît néanmoins séduisant, c'est parce qu'il joue sur la confusion entre agent et patient moral. Oui, il importe d'être rationnel pour être un agent moral, c'est-à-dire une personne responsable de ses actes et qu'on peut donc admirer ou condamner. Mais non, la rationalité n'est pas requise pour posséder un droit : les bébés ou les personnes dans le coma, par exemple, ont des droits sans être des agents moraux. Ce sont de purs patients moraux : nous devons les respecter et reconnaître leur dignité morale – sans attendre la réciproque.

C'est pourquoi un auteur comme Tom Regan estime que les animaux sentients, ces « sujets-d'une-vie », devraient être considérés, eux aussi, comme des patients moraux. Cela signifie que nous devrions leur reconnaître une dignité morale. Les animaux ne sont pas des choses : voilà l'intuition fondamentale derrière la position déontologique en éthique animale. Ils méritent qu'on les respecte. Or, de même que (selon Kant) respecter un humain, c'est ne pas le traiter exclusivement comme un instrument à notre service, de même respecter un animal, c'est ne pas en faire un simple moyen pour nos fins.

Pourtant, qu'est-ce que l'élevage, par exemple, sinon l'asservissement des animaux pour satisfaire une préférence gustative ? Et où est le respect dans les usines à viande qui constituent l'ordinaire de la production agroalimentaire ? En dernière analyse, tout ce système repose sur l'appropriation des animaux, comme l'esclavage reposait autrefois sur celle des humains.

C'est pourquoi le philosophe et juriste abolitionniste Gary Francione – qui n'a de cesse de rappeler qu'il y a autant de souffrance dans un verre de lait que dans un steak – propose une utopie réaliste : tout comme on a déjà aboli celle des humains, il faut abolir la propriété des animaux. On ne devrait pas pouvoir les acheter ou les vendre. C'est à cette condition seulement qu'on prendra leur dignité morale au sérieux. Les animaux ne sont pas des marchandises !

> Dans le cas des animaux, le principe d'égale considération [...] requiert qu'à moins d'avoir une raison moralement acceptable de ne pas le faire, nous devrions épargner aux animaux toute souffrance résultant de leur utilisation comme propriété humaine. Nous devons accorder aux animaux, comme nous le faisons pour les humains, le droit fondamental de ne pas être traité comme une ressource. [...] Si l'on étend le principe d'égale considération aux animaux, cela signifie-t-il qu'ils vont devenir des « personnes » ? Oui[11].

En un sens, le véganisme n'est rien de plus que l'application minutieuse de ce principe d'égale considération. Et comme les êtres humains sont bien évidemment des animaux sentients, les abolitionnistes véganes militent également contre leur exploitation. On l'imagine facilement, dans la perspective déontologique, commander le cheese-burger est foncièrement blâmable : c'est se rendre complice d'une exploitation non nécessaire, c'est encourager la violation systématique du droit moral des animaux à ne pas être ces marchandises qu'on maltraite et qu'on abat.

Le conséquentialisme et le bien-être

En se concentrant sur l'action, le déontologisme conduit à reconnaître des droits aux animaux, c'est-à-dire à une position morale plus contraignante – mais peut-être aussi plus cohérente et plus sensible aux victimes – que le simple refus de la cruauté par un agent vertueux. Cette rigueur du déontologisme vient aussi de sa logique binaire : une action est condamnable ou elle ne l'est pas, car on ne peut pas respecter plus ou moins un droit.

De son côté, la troisième et dernière théorie morale autorise plus de nuances*. En effet, pour le conséquentialisme, une bonne action se mesure à l'aune de ses conséquences. Or, une même action peut avoir plusieurs conséquences, plus ou moins bonnes. Ainsi, commander un cheeseburger aura sans doute pour effet de procurer du plaisir au client du restaurant. Mais cela aura aussi un effet négatif sur la vie et la mort d'animaux. Que faut-il faire ? Tout dépend du calcul impartial des consé-quences.

---

* Il convient toutefois de préciser qu'il existe des versions pluralistes du déontologisme comme celle de David Ross qui permettent très bien de moduler les jugements moraux.

Ce calcul s'appuie habituellement sur une théorie de la valeur. Ainsi, pour Jeremy Bentham, la meilleure unité de mesure était le plaisir et la souffrance (sa version du conséquentialisme se nomme d'ailleurs l'utilitarisme hédoniste). Du point de vue moral, la meilleure action est donc celle qui maximise les plaisirs et minimise les souffrances. Bentham insistait aussi sur l'impartialité du calcul : mon plaisir n'a pas plus de valeur que le vôtre. Mais son idée révolutionnaire fut surtout de voir qu'on devait inclure dans le calcul tous les êtres capables d'éprouver du plaisir et des peines. Bref, les animaux sentients.

Dès lors, que l'on raisonne en termes de plaisirs et de douleurs, comme Bentham, ou de satisfaction des préférences, comme le font les utilitaristes contemporains, cela ne change rien à la donne : mon plaisir gustatif à consommer le cheeseburger ne fait pas le poids – dans la balance conséquentialiste – face à la mort et aux souffrances endurées par la vache qui a fourni son lait et sa viande.

C'est d'ailleurs cette dernière approche qui m'a personnellement mis sur la voie du véganisme. La lecture de *Questions d'éthique pratique* de Peter Singer m'a convaincu qu'il y avait une manière très simple et efficace d'améliorer significativement le bien-être global tout en respectant le principe d'impartialité : ne plus consommer de produits animaux. Quelle action individuelle et quotidienne pouvait avoir davantage d'impact sur des êtres sensibles ?

Au départ, ce qui m'avait aussi séduit, c'est qu'il n'était pas besoin d'attribuer des droits aux animaux pour les inclure dans la communauté morale. Il suffisait d'être impartial et cohérent dans l'application d'un principe simple : faire de son mieux pour minimiser la souffrance. Et si le conséquentialiste tenait évidemment compte des humains dans son calcul, ce n'était pas en vertu de leur appartenance à l'espèce humaine, mais tout simplement parce qu'ils étaient capables de subir un tort et de souffrir. Peter Singer était d'ailleurs lui-même un excellent exemple de cet « altruisme effectif » puisqu'il écrivait et militait activement depuis quarante ans contre la pauvreté dans le monde.

Aujourd'hui, j'ai de plus en plus de mal à dissocier les trois approches : refus de la cruauté, respect des droits et lutte contre les souffrances inutiles m'apparaissent comme trois chemins qui convergent vers un même objectif – quelque chose comme un mixte de justice et de bien-être.

L'objection du « foodie »

Compliquons un peu l'histoire du restaurant. Il faut dire que vous n'êtes pas tout à fait comme les autres : vous aimez *vraiment* la viande. Vous êtes hédoniste (mais pas utilitariste) et vous considérez que le plaisir occupe une place centrale dans votre rapport à l'alimentation. Malheureusement, vous préférerez toujours mille fois plus le goût des viandes bien apprêtées à celui de tous les végéburgers du monde. N'auriez-vous pas alors droit à votre cheeseburger?

C'est ce qu'on pourrait appeler l'objection du *foodie* – une manière semble-t-il moins ringarde de qualifier les gastronomes. Toujours est-il que le *foodie* reconnaît la valeur de l'argument conséquentialiste: il n'est pas amoral. Mais il conteste le résultat du calcul parce qu'il place très haut son propre plaisir gustatif. C'est l'argument français par excellence: «Putain, la viande c'est trop bon!»

Évidemment pour un éthicien de la vertu ou un déontologue, c'est du pareil au même: la qualité et la quantité de plaisir gustatif n'enlèvent rien à la cruauté de l'agent ou à l'«illégalité morale» de l'action. Mais que devrait en penser un conséquentialiste? Pour y répondre, le philosophe Alastair Norcross a imaginé l'expérience de pensée suivante[12].

L'histoire de Fred. Des voisins, inquiets de bruits suspects provenant de chez Fred, ont alerté les autorités. Dans la cave, la police découvre 36 petites cages contenant des chiots en piteux état. Plusieurs sont mutilés et le sol des cages baigne dans un composé d'urine et d'excréments. Fred explique qu'il garde les chiots 36 semaines avant de les égorger, têtes en bas. Durant leur vie, ils ne sortent de leur cage que pour subir des mutilations telles que se faire couper le nez et le bout des pattes – sans anesthésie. La police embarque aussitôt Fred pour maltraitance.

Lors de son procès, Fred soutient qu'on ne devrait pas le blâmer. En effet, c'est un amoureux du chocolat. Mais, il y a quelques années, Fred a eu un traumatisme cérébral dans un accident de voiture. Il en a gardé une séquelle aussi rare qu'injuste : il ne peut plus apprécier le chocolat (désormais, les meilleures pralines belges n'ont pas plus de goût que des Ferrero Rocher). Désespéré, Fred va consulter un neurologue qui, après plusieurs tests, lui explique que sa glande qui produit la cacaomone, le neurotransmetteur indispensable pour goûter le chocolat, est irrémédiablement endommagée.

On a longtemps cru que seuls les cerveaux humains produisaient la cacaomone, poursuit le neurologue, mais un vétérinaire a récemment découvert par hasard que celui d'un chiot maltraité en contenait des quantités importantes. Fred a alors vu la lumière au bout du tunnel. Et il a fait ce que tout véritable amoureux du chocolat aurait fait : son propre élevage de chiots et sa propre production de cacaomone. Fred n'est pas cruel : il ne prend aucun plaisir à torturer les jeunes chiens. Et il comprend les inquiétudes des amis des animaux. Mais c'est la seule solution pour parvenir à son plaisir gustatif (pour satisfaire sa passion pour le chocolat) en quantité et qualité suffisantes. Fred reconnaît volontiers que ce n'est pas nécessaire à sa vie ou à sa santé. Mais sans les plaisirs du chocolat, sa vie serait moins épanouie.

L'auteur, après avoir remarqué qu'aucune « personne décente » ne pourrait même penser à excuser Fred, tire la leçon suivante de l'expérience de pensée : « Si la moralité demande qu'on ne torture pas des chiots pour augmenter son plaisir gustatif, la moralité demande aussi qu'on ne supporte pas l'élevage industriel en achetant de la viande qui en provient[13]. » On retrouve ici la base du consensus en éthique animale : nous avons l'obligation de ne pas faire souffrir des êtres sentients sans nécessité.

Le *foodie* est donc aveuglé par sa gourmandise – qui n'est peut-être pas pour rien un des sept péchés capitaux – lorsqu'il considère que son plaisir gustatif a plus de valeur que la souffrance des animaux qu'il consomme. Son calcul conséquentialiste n'est pas impartial. Dans les deux sens du terme, il n'est pas juste.

Et si les animaux étaient mieux traités ?

L'histoire de Fred offre une bonne analogie avec l'élevage industriel. Celui-ci suppose en effet de maintenir les animaux en captivité, de les mutiler et de les traiter comme de simples machines à convertir du maïs ou du soja en viande. En éthique animale, vous ne trouverez personne pour défendre ce mode de production qui fournit pourtant la grande majorité des produits animaux consommés en Europe et en Amérique du Nord (82 % des animaux en France[14], sans doute davantage au Canada). L'élevage industriel fait donc consensus : contre lui. Mais que penser d'un cheeseburger provenant d'une petite ferme bio « respectueuse du bien-être des animaux » ? Serait-on blâmable d'en commander un au restaurant ?

Il est probable qu'un éthicien de la vertu sera sensible à ce nouveau contexte. Si les animaux sont mieux traités, s'ils souffrent moins, il faut bien reconnaître que ce type d'élevage est moins cruel que la version industrielle. En effet, un élevage dans lequel les animaux ne sont pas gardés en cage ou attachés, où ils ont accès à l'extérieur et à la lumière du jour et ne sont pas mutilés, un tel élevage constitue un progrès incontestable pour le bien-être des animaux. Tout le monde s'accordera pour dire que c'est *moins mal*. Mais là où le consensus se fissure, c'est lorsqu'on se demande si c'est moralement suffisant.

Pas forcément, répondent certains, mais nous devrions tout de même encourager toutes les alternatives à l'élevage industriel. Cette stratégie « réformiste » correspond largement au mouvement welfariste (de « bien-être » en anglais). Tout en poussant l'industrie à améliorer ses normes – agrandir les cages, par exemple –, on incite les consommateurs à se tourner vers des élevages plus « humains » (*humane**, en anglais), c'est-à-dire moins cruels. Aux États-Unis, les « omnivores consciencieux » peuvent ainsi s'approvisionner dans la chaîne d'aliments bios Whole Foods qui propose diverses catégories de viandes, indexées sur une échelle de 1 (sans cage) à 5+ (le bien-être de l'animal passe avant toutes considérations de rentabilité et d'efficacité).

En éthique animale, la stratégie welfariste suscite de nombreux débats. Les plus farouches opposants sont habituellement des déontologues. En effet, si les animaux ont des droits fondamentaux, il est évident que même un élevage *humane* viole

---

* Ce terme n'ayant pas d'équivalent en français, il tend à s'imposer tel quel dans notre langue. Je l'utiliserai pour éviter la confusion avec « humain ».

ces droits. En particulier, il ne faut pas oublier que l'horizon ultime de tout élevage, quel que soit son niveau sur l'échelle de Whole Foods, est une chaîne d'abattoir, ce qui s'accorde mal avec le droit à l'intégrité physique. Les abolitionnistes font aussi valoir que maintenir le statut de propriété des animaux ne peut changer en profondeur le système. Ils suggèrent même que le welfarisme pourrait avoir pour effet pervers de rendre acceptable l'exploitation en entretenant le mythe d'une « viande heureuse ».

De son côté, le conséquentialiste se demandera d'abord ce que sont les effets directs et pervers de la stratégie welfariste sur la réduction de la souffrance globale. Le bilan est-il positif ? Si oui, il ne faut certainement pas condamner l'élevage *humane**. Faut-il pour autant l'encourager ? Cela dépend des autres stratégies disponibles, c'est-à-dire du coût d'opportunité. Or, promouvoir le véganisme paraît une bien meilleure option. Car il ne fait pas de doute que les omnivores consciencieux contribueraient davantage à diminuer la souffrance globale en devenant véganes.

Cet argument repose sur l'hypothèse – raisonnable – que l'intérêt à vivre participe à la définition du bien-être. En effet, on pourrait soutenir qu'abattre un animal ne lui cause pas vraiment de souffrance et qu'il doit bien mourir de quelque

---

* Notons cependant que si on fait le calcul pour les animaux directement concernés, on peut supposer que rares seront les élevages *humane* où la souffrance endurée par les animaux ne dépassera pas le plaisir que retirent les omnivores à en consommer les produits dérivés.

chose. Où est le problème s'il a bien vécu jusqu'à cette mise à mort prématurée? (En fait, la question ne se pose pas uniquement au sujet des animaux: qu'est-ce qu'un conséquentialiste doit répliquer à celui qui voudrait tuer des enfants dans leur sommeil?)

Une première réponse consiste justement à dénoncer le caractère prématuré de la mort de l'animal: en étant abattu, ce dernier est privé d'expériences qu'il aurait pu avoir. Une vie longue est perçue comme préférable à une vie courte: on considère en général que la mort est une privation de bien-être. La seconde réponse propose de définir le bien-être non pas simplement dans l'éternel présent des plaisirs et des peines, mais en termes de satisfaction des préférences ou des intérêts. Or, l'animal sentient, comme l'enfant qui dort, possède une préférence ou un intérêt à vivre une nouvelle journée. C'est du moins ce que postulent habituellement les conséquentialistes comme Peter Singer*.

Je développerai dans le prochain chapitre le volet environnemental de ce dossier. Mais pour conclure sur l'aspect moral, on peut dire que si beaucoup de théoriciens admettent volontiers qu'il est moins mal de consommer des animaux mieux traités, rares sont ceux qui soutiennent activement ce type d'élevage[15]. Un indice de cela, c'est qu'il ne s'est pas développé de courant «omnivore

---

    * Pour une discussion sur les diverses réponses utilitaristes (utilitarisme global ou utilitarisme de l'existence préalable) à la question des animaux bien traités, voir Tatjana Višak, *Killing Happy Animals: Explorations in Utilitarian Ethics*, Londres, Palgrave MacMillan, 2013.

consciencieux» en éthique animale (la demande sociale serait pourtant là!). Dans le fond, ce n'est pas surprenant lorsqu'on revient au fondement du consensus : ne pas faire souffrir sans nécessité. En effet, on pourra sans doute montrer que les animaux souffrent moins dans une petite ferme qui se veut respectueuse de leurs intérêts ; mais comment montrer qu'il est *nécessaire* de les consommer ?

À cet égard, le témoignage de Bob Comis, un ancien éleveur de porcs, a de quoi faire réfléchir. Son élevage était un cinq étoiles sur l'échelle de Whole Food. Il se souciait sincèrement du bien-être de ses animaux élevés dans des conditions idéales dans une petite ferme de l'État de New York. Mais s'il a renoncé à son élevage, c'est parce qu'il n'est jamais parvenu à répondre à une question très simple : qu'est-ce que signifie respecter un animal si tous les soins qu'on lui prodigue ne visent qu'à le conduire à l'abattoir ? Bob Comis, qui se dit « hanté par le fantôme de presque 2 000 cochons heureux », ne veut plus faire semblant : « Les éleveurs mentent à leurs animaux. On est gentil avec eux et on en prend soin pendant des mois, voire des années. Ils grandissent confortablement avec nous et commencent même à nous aimer. Mais à la fin, on profite d'eux, on utilise leur confiance pour les duper et les amener jusqu'à la mort. Avec bonté, les éleveurs les tuent[16]. »

Pour sa part, l'historien américain James McWilliams a documenté le mouvement actuel des « petits élevages respectueux » pour son livre *The Modern Savage*. Il examine différents types de fermes (volaille, bœuf, porc), lit les bulletins agricoles et les échanges entre éleveurs sur les forums en ligne. Le constat qu'il dresse est plutôt sombre : mutilation des groins pour éviter que les cochons ne déracinent des plantes, castration sans anesthésie, abattage bâclé, utilisation préventive (et illicite) d'antibiotiques, épidémies de salmonelle et de trichinose, dégradation importante des pâturages, surutilisation de pesticides et de vaccins, et séparation des veaux de leurs mères*.

Évidemment, il n'en demeure pas moins que ce type d'élevage est moins comdamnable que les « usines à viande ». Les animaux voient la lumière du soleil, profitent d'un certain degré de liberté et peuvent socialiser. Après son enquête, McWilliams reconnaît que certains petits éleveurs améliorent réellement le bien-être animal. « Ces améliorations sont importantes parce qu'elles rendent la vie des animaux de ferme plus tolérable. Mais voilà le problème : comme stratégie réformiste à long terme, elles feront peu – sinon rien – pour contester la domination de l'élevage industriel. Vous ne pouvez pas tuer et manger des animaux en espérant les aider, et encore moins contester le système agroalimentaire qui profite de notre choix de continuer à les consommer[17]. »

---

* Sur la réponse aux arguments en faveur des « élevages respectueux » – comme l'idée d'un contrat tacite entre l'éleveur et les animaux qui sont à sa merci –, voir Enrique Utria, « La viande heureuse et les cervelles miséricordieuses », dans Lucile Desblache (dir.), *Souffrances animales et traditions humaines. Rompre le silence,* Dijon, Éditions Universitaires de Dijon, 2014.

Un arrière-goût d'alibi

Je dois avouer que lorsque j'ai pris conscience de l'immensité de la souffrance animale, j'ai d'abord été tenté par la voix de l'omnivore consciencieux. Ce moindre mal offrait le net avantage de préserver la possibilité de consommer mon amour pour la viande et le fromage – ainsi que mon capital social. Ce fut pourtant un épisode de courte durée.

En effet, à moins de vivre en autarcie, cette option est largement impraticable. Les produits issus de l'élevage industriel sont omniprésents. Restaurants, cafétérias, snacks, supermarchés ou épiceries ordinaires : l'option *humane* n'existe tout simplement pas. Et que répondre aux gens qui vous invitent à souper ? « Je consomme des produits animaux, mais uniquement s'ils sont cinq étoiles Whole Food, biologiques et respectueux du bien-être », ou « Je ne consomme pas de produits animaux » ? En fait, pour être vraiment consciencieux, l'omnivore devrait être végane au moins 95 % du temps.

La réalité est hélas bien différente. L'auteure Catherine Friend reconnaît elle-même dans son livre *The Compassionate Carnivore* qu'elle consomme de la viande d'élevage industriel dans 25 % de ses repas. Et c'est une militante de la cause. En fait, une étude récente indique que les omnivores consciencieux – « qui ne consomment de la viande et du poisson que s'ils répondent à certains critères éthiques » – sont davantage susceptibles de s'écarter de leur diète que les végétariens et les véganes. Pour le psychologue Hank Rothgerber, c'est assez surprenant. « Les omnivores consciencieux

ont davantage d'options que ceux qui s'abstiennent de viande : ils peuvent s'abstenir de viande
ou consommer une viande qui vient d'une source
sélectionnée. Mais paradoxalement, ce sont eux
qui rapportent la plus grande difficulté subjective
à adhérer à des normes diététiques[18]. »

Comment l'expliquer ? On sait que les omnivores consciencieux éprouvent moins de culpabilité morale que les végétariens lorsqu'ils dérogent à
leurs principes et qu'ils sont aussi moins dégoûtés
par la viande de ferme industrielle ; cela doit jouer
un rôle. Rothgerber fait également l'hypothèse
qu'ils sont dans un état de dissonance cognitive
propice à la violation de leurs propres normes – ils
doivent composer avec des croyances incompatibles, comme on le verra dans le chapitre 3. Quoi
qu'il en soit, tout donne à penser qu'il n'est psychologiquement pas très confortable d'être un
omnivore consciencieux*.

Il faut aussi rappeler que, dans la mesure où les
produits animaux *humane* sont rares et chers, ils
demeureront un marché de niche. En revanche,
enlevez la viande et le fromage, ajoutez des légumineuses et du chou kale : un régime végane sera
toujours meilleur marché qu'un régime omnivore.
(À Montréal, les étudiants des universités McGill

---

* Il convient donc de se méfier du modèle du changement alimentaire progressif selon Hank Rothgerber : « Si le
but est de s'abstenir complètement de viande, les présents
résultats fournissent des indices partiels pour adopter d'em-
blée un régime sans viande plutôt que l'omnivorisme consciencieux. » (Hank Rothgerber, « Can You Have Your Meat
and Eat It Too? Conscientious Omnivores, Vegetarians, and
Adherence to Diet », *Appetite,* vol. 84, 2015, p. 202.)

et Concordia parviennent d'ailleurs à offrir chaque midi, depuis plusieurs années, des dizaines de repas véganes contre un simple « don volontaire suggéré » d'un ou deux dollars. À l'Université du Québec à Montréal, l'association Ras-le-Bol propose une initiative similaire.)

Surtout, l'omnivore consciencieux opte pour une position qui ne fait pas de vagues. Son engagement est privé, sa ligne morale peu lisible par ses concitoyens (« Ah oui, il achète sa viande directement chez un petit fermier bio ? C'est qu'il doit avoir les moyens »). Son influence sur la prise de conscience générale est donc quasiment nulle, voire contre-productive. Le végane, en revanche, s'implique : il affiche une position politique et morale claire. Il refuse de cautionner le système actuel et démontre qu'on peut vivre et s'épanouir sans que des êtres sentients en payent quotidiennement le prix.

Pour ma part, lorsque je repense à mon épisode d'omnivore consciencieux, je dois bien donner raison à Gary Francione : « tous ces discours à propos de produits d'animaux "heureux" parlent en réalité de *nous* : il s'agit de nous mettre plus à l'aise avec quelque chose qui nous tracasse[19] ». Avec le recul, je dois dire que ce n'est pas faux : mon fromage de chèvre cendré, acheté chez un petit producteur local, avait comme un arrière-goût d'alibi.

Le chat au micro-ondes et le véganisme pragmatique

Le consensus en éthique animale peut donc se résumer à l'idée qu'il est mal d'élever et de tuer des animaux lorsque cela n'est pas nécessaire. Évidemment, il ne s'agit pas de dire que cette thèse fait l'unanimité (ce qui serait un peu inquiétant) : il est toujours possible d'articuler une position théorique pour soutenir que nous n'avons aucun devoir moral envers les animaux. Depuis la parution de *Libération animale* de Peter Singer en 1975, quelques philosophes s'y sont risqués*.

Il s'agit habituellement, de façon plus ou moins directe, de justifier le spécisme, cette discrimination morale au nom de l'appartenance à l'espèce. Une stratégie possible consiste à fonder la morale sur une sorte de contrat social entre les humains. Nous n'aurions dès lors aucun devoir envers les animaux non humains, car ceux-ci ne seraient pas parties prenantes du contrat. Sur le modèle des théories, comme celle de Thomas Hobbes, qui fondent le droit sur un contrat social, on pourrait soutenir que nos seuls devoirs moraux concernent nos cosignataires, lesquels se trouvent être des humains.

Toutefois, on peut critiquer cette stratégie de diverses manières. D'une part, comment expliquer les devoirs moraux envers les « cas marginaux », ces êtres humains qui ne sont pas des agents moraux (personnes en situation de handicap, dans le coma, bébés) ? La réponse consiste en général à soutenir que ces personnes demeurent des patients

---

* On peut citer Raymond Frey, Peter Carruthers, Roger Scruton ou Francis Wolff. Pour des détails supplémentaires, voir le « Que sais-je ? » de Jean-Baptiste Jeangène Vilmer, *L'éthique animale*, Paris, Presses universitaires de France, 2011.

moraux parce qu'elles appartiennent à l'espèce humaine. Bref, la théorie finit par assumer son spécisme implicite.

D'autre part, fonder la morale sur un contrat social implique une forme de relativisme. En effet, ce type de théorie ne peut rejeter la cruauté envers les animaux sur une base morale. Si seuls les agents moraux sont des patients moraux, si les animaux sont extérieurs à notre contrat et au cercle de la moralité, alors il n'y a, en tant que tel, rien de mal à mettre le chat au micro-ondes. Cette conclusion contre-intuitive explique largement que ce type de « contractualisme moral » demeure une position très marginale en éthique animale.

Il arrive même que des philosophes contractualistes changent d'avis. C'est le cas du Canadien Michael Fox qui, après plusieurs années passées à défendre la vivisection, a admis que les critiques qu'on lui avait adressées étaient justifiées : sa défense du spécisme impliquait celle du racisme et du sexisme. Il a donc fini par se rétracter – et par se positionner en faveur du véganisme. « Il n'existe pas, écrit-il, de raison non arbitraire de soutenir que les différences entre humains et animaux, aussi moralement pertinentes qu'elles puissent être, fassent des humains des formes de vie moralement supérieures et des animaux des formes de vie inférieures ou sans valeur[20]. »

Jusqu'à présent, j'ai surtout évoqué des philosophes anglo-saxons, qui s'inscrivent dans la tradition dite analytique, mais plusieurs philosophes « continentaux » partagent ces convictions de base. Ainsi, Jacques Derrida dénonce-t-il « la violence infinie » et « le tort sans fond que nous infligeons aux animaux[21] ». De même, pour la phénoménologue Florence Burgat, spécialiste de la question animale, manger de la viande de façon éthique « est une contradiction dans les termes[22] ». Il est aussi possible d'analyser l'exploitation animale dans un cadre marxiste : les animaux constitueraient une classe de travailleurs aliénés dont la force de travail n'est jamais rémunérée*.

Autrement dit, le consensus dépasse les chapelles philosophiques. Il s'ensuit qu'on peut aussi être végane par simple pragmatisme. Peu importe qu'on soit parfaitement en accord avec tel ou tel courant en éthique animale. Peu importe qu'on endosse l'abolitionnisme ou qu'on ait des sympathies welfaristes. Au XXIe siècle, dans des pays industrialisés comme la France ou le Canada, le véganisme est la meilleure manière de lutter contre la souffrance inutile. C'est aussi une excellente façon de sensibiliser les gens à l'urgence de cette lutte.

Pour ce véganisme pragmatique, le problème n'est pas la dimension sacrée de la vie ou le caractère impur des protéines animales. Le problème, c'est la négation de l'intérêt des animaux à vivre et

---

* Comme l'écrit Agnese Pignataro, « le fait que les animaux ne soient pas payés, ou encore le fait qu'ils ne soient pas entièrement conscients de leur soumission, ne prouvent ni qu'ils sont de simples ressources, ni qu'ils ne constituent pas une classe, ni que leur activité ne peut être définie comme du travail ». Agnese Pignataro, « La question animale : un débat à ouvrir dans le mouvement anticapitaliste », *Contretemps*, (www.contretemps.eu/interventions/question-animale-debat-ouvrir-dans-mouvement-anticapitaliste#_ftnref18.)

à ne pas souffrir. Le véganisme pragmatique n'est pas une religion. Il encourage le débat, évalue les arguments et demeure attentif aux avancées scientifiques – en particulier sur la cognition animale. D'ailleurs, le véganisme pragmatique n'exclut pas, par principe, tous les produits animaux. Ainsi, il pourrait être parfaitement envisageable de consommer :

- des animaux non sentients, jusqu'à preuve du contraire : les insectes, coquillages, vers et autres invertébrés (mais pas les pieuvres !) ;
- des animaux morts naturellement (nécrophagie) ;
- des produits animaux destinés aux ordures (déchitarisme) ;
- des produits d'humains consentants, comme le lait maternel de Jess Dokin ou le boudin de sang de Michel Journiac (body art) ;
- de la viande produite *in vitro* et en laboratoire (viande artificielle) ;
- des produits végétaux ayant le même goût que la chair animale (« fausse viande »).

Évidemment, il peut exister des raisons externes de ne pas consommer ces produits animaux : parce que c'est dégoûtant, parce que ce n'est pas bon pour la santé ou parce que c'est trop cher ou polluant. Mais dans la mesure où ils n'imposent pas de souffrance et ne font pas la promotion de l'exploitation animale, le véganisme pragmatique peut très bien s'en accommoder.

Le débat sur l'expérimentation

Le consensus en éthique animale porte sur le rejet de toutes souffrances non nécessaires. Là où le consensus peut se rompre, c'est sur l'interprétation de ce qui est « nécessaire ». Or, si tout le monde s'accorde pour dire qu'il n'est généralement pas nécessaire d'utiliser des animaux pour se nourrir, se vêtir ou se divertir, la question de l'expérimentation animale, elle, fait débat.

Pour les utilitaristes, tout dépend des bénéfices attendus de l'expérimentation. Tout comme il est en théorie moralement acceptable de sacrifier une personne pour en sauver deux, il est acceptable d'expérimenter sur des animaux si cela permet de découvrir comment combattre une maladie et de sauver plusieurs vies humaines (ou animales). Cette « souffrance utile » ou ce « mal nécessaire » doit bien évidemment s'accompagner d'une grande attention au bien-être des singes, des chiens ou des rats de laboratoire.

De leur côté, les déontologues font valoir que, si les animaux ont des droits, comme celui de ne pas être une propriété, l'expérimentation viole ce droit. Pourquoi est-il interdit de faire des expériences sur un humain contre sa volonté ? Parce que cela violerait ses droits fondamentaux – quand bien même cela permettrait de découvrir un vaccin contre le VIH. Pourquoi devrait-on soudainement passer à une logique utilitariste lorsqu'il s'agit de faire des tests sur des animaux ? Ce double standard n'est pas moralement satisfaisant.

Le débat mérite d'avoir lieu, car le nombre d'expérimentations est important – on utilise ainsi environ 10 millions d'animaux chaque année en Europe. Il révèle aussi toute l'ambiguïté de notre rapport aux autres espèces. En effet, l'expérimentation animale consiste à traiter les animaux comme différents de nous sur le plan moral tout en assumant qu'ils sont nos semblables sur le plan biologique, puisqu'on espère habituellement pouvoir extrapoler et étendre aux humains les résultats de ces études. De ce point de vue, l'idéal ne serait-il pas de faire les expériences directement sur des êtres humains?

Pour compliquer le débat, il faut aussi savoir que la nécessité de l'expérimentation animale est remise en cause indépendamment de toute considération en éthique animale. En effet, de plus en plus de chercheurs y voient un outil peu fiable, voire dangereux (des extrapolations trompeuses) et un véritable gaspillage financier – les universités dépensent des sommes importantes pour leurs animaleries. Ces ressources, disent-ils, seraient plus utiles ailleurs. Il faut enfin savoir que les conditions de vie et de mort des animaux de laboratoire sont souvent moins difficiles que celles des animaux d'élevage industriel – et que ce dernier concerne un nombre d'individus incroyablement plus élevé[23].

La question zoopolitique

Parmi les autres questions qui sont d'actualité en éthique animale, on peut mentionner le problème de la prédation. Si l'on reconnaît que les animaux sauvages ont un intérêt à vivre et à ne pas souffrir, ne devrions-nous pas essayer de mettre fin à la prédation ? Les utilitaristes, en particulier, devraient y voir une manière de maximiser le bien-être d'un grand nombre d'êtres sentients. Mais serait-ce techniquement possible ? Et faut-il sérieusement envisager d'empêcher les lions de manger les gazelles ?

Une réponse originale à cette question est venue d'un couple de philosophes canadiens. Will Kymlicka est une des figures les plus importantes de la philosophie politique contemporaine – il a notamment publié sur la citoyenneté multiculturelle et sur les théories de la justice. Sue Donaldson, sa compagne, est une chercheuse indépendante qui a aussi publié un livre de cuisine végane. Ensemble, ils ont fait paraître en 2011 *Zoopolis. Une théorie politique des droits des animaux,* un livre primé et salué pour son caractère profondément novateur*.

Le point de départ de Donaldson et Kymlicka, dans l'esprit du déontologisme, c'est la reconnaissance du droit des animaux à la vie et à la liberté. « Respecter ces droits exclut quasiment toutes les pratiques en vigueur dans les industries utilisant des animaux et où ces animaux sont possédés et exploités pour le profit, le plaisir, l'éducation, la commodité ou le confort des humains[24]. » *Zoopolis* se présente donc comme une réflexion postaboli-

---

* Pour une présentation très complète et en français du livre de Donaldson et Kymlicka, voir Estiva Reus, « Quels droits politiques pour les animaux ? Introduction à *Zoopolis* de Sue Donaldson et Will Kymlicka », *Cahiers antispécistes,* n° 37, 2014.

tionniste qui milite pour une approche relationnelle et politique des droits des animaux.

La question de la prédation revient dès lors à
se demander s'il est légitime d'intervenir dans la
nature pour protéger les droits fondamentaux des
gazelles. L'idée de Donaldson et Kymlicka consiste
à traiter les animaux sauvages comme des communautés politiques souveraines, c'est-à-dire comme
des nations disposant de leur propre territoire. En
effet, les animaux sauvages sont autonomes au
sens où ils sont compétents pour se nourrir, se
déplacer, minimiser les risques, etc., et au sens où
ils ne cherchent pas le contact avec les humains.
Tout comme on doit respecter l'aspiration des
peuples humains à s'autogouverner et à préserver
leur mode de vie, on doit donc respecter la souve-
raineté des animaux sauvages. Il s'ensuit qu'il faut
protéger leur territoire terrestre ou aquatique des
invasions étrangères et des externalités négatives
humaines comme la pollution. Toutefois, la prédation entre animaux sauvages est selon les auteurs
« le genre de tragédie que nous devrions accepter
comme paramètre de leur existence future[25] ». Il
n'y a pas lieu d'intervenir pour l'empêcher.

Si les animaux sauvages doivent être traités
comme des nations souveraines, ce n'est pas le
cas des animaux domestiques (chevaux, chiens,
cochons) qui vivent avec nous et dépendent de
nous. Quel type de relations devrions-nous avoir
avec eux ? Donaldson et Kymlicka ne proposent
rien de moins que d'en faire des citoyens de nos
communautés politiques. « Pourquoi des concepts
tels que la communauté, la socialité, l'amitié et

l'amour devraient-ils être limités au cercle de l'espèce[26]? » La thèse, a priori extravagante, est si bien défendue que *Zoopolis* a gagné le prix bisannuel de l'Association canadienne de philosophie.

Si l'idée paraît choquante, c'est que nous avons une perception à la fois trop paternaliste des animaux domestiques et trop étroite de la citoyenneté. Donaldson et Kymlicka, qui s'inspirent des récentes « études sur l'incapacité » (*disabilies studies*), reprennent le slogan des militants des droits des handicapés mentaux: « ne rien décider pour nous sans nous » (*nothing about us without us*). En effet, dans de nombreuses situations, les animaux domestiques peuvent exprimer leurs préférences, en prenant la fuite, par exemple.

Par ailleurs, la citoyenneté ne se réduit pas au droit de vote. C'est aussi avoir le droit de vivre sur un territoire et d'être représenté dans les institutions. Or, de nombreux citoyens humains sont incapables de voter (jeunes enfants, handicapés mentaux sévères) tout en ayant le droit d'être représentés lorsqu'on prend des décisions qui les concernent. De même, les animaux domestiques pourraient être représentés par des personnes de confiance, qui les perçoivent comme des individus dotés de préférences et non comme de simples spécimens de leur espèce. D'ailleurs, leur simple présence dans l'espace public – plutôt que leur invisibilité et leur confinement actuels dans l'espace privé – constituerait déjà une forme de participation politique.

Il existe enfin une troisième catégorie d'animaux, ni domestiques ni sauvages. Ce sont ceux qui partagent nos villes et nos villages comme les écureuils, les souris, les pigeons ou les ratons laveurs. En considérant nos devoirs moraux envers ces animaux dits «liminaux», Donaldson et Kymlicka, suggèrent des solutions inventives à des problèmes moraux qui étaient, jusqu'ici, largement passés inaperçus.

L'idée de base consiste à les traiter comme des «résidents permanents»: ils ont le droit d'être là (ce ne sont pas des intrus) et nous devons évidemment respecter leurs droits fondamentaux, mais nous n'avons pas de devoirs positifs à leur endroit, comme les protéger des prédateurs ou leur fournir des soins de santé. En construisant cette troisième catégorie d'animaux, Donaldson et Kymlicka compliquent la dichotomie classique (et simpliste) animaux sauvages / animaux domestiques. Ils exemplifient aussi la thèse selon laquelle nos devoirs positifs envers un individu dépendent en partie de la relation que nous entretenons avec lui – concitoyen, résident permanent ou membre d'une nation étrangère.

Appliquer les principes de *Zoopolis* conduirait à une société très différente de la nôtre. Tous les humains seraient véganes. Les villes seraient réaménagées pour une circulation plus libre des animaux. Un système de santé prendrait en charge les animaux domestiques. Dans quelle mesure s'agit-il d'une utopie? Comment s'organiseraient les communautés «humanimales»? Le livre fascinant de Donaldson et Kymlicka soulève de nombreuses questions tout en incitant le lecteur à mobiliser des concepts politiques et à modifier sa perception des animaux : «C'est un exercice d'élargissement de l'imagination morale pour ne plus voir les animaux seulement comme des individus vulnérables qui souffrent, mais aussi comme des voisins, des amis, des concitoyens, des membres à part entière de nos communautés – et des leurs[27]. »

L'approche écoféministe

L'éthique animale n'est pas l'éthique environnementale. Alors que la seconde s'inquiète de la survie des espèces, la première se concentre sur les individus et sur leurs intérêts. Or, comme le remarque la philosophe Martha Nussbaum, on ne peut être juste ou injuste qu'envers des individus : «Les espèces peuvent avoir une importance instrumentale pour la santé des individus, et elles peuvent également avoir une signification esthétique, intellectuelle ou morale d'un autre type. Mais il semble impropre de dire que l'extinction d'une espèce est une injustice, si ce n'est parce que cette extinction suppose d'ordinaire de causer un tort condamnable aux membres de cette espèce[28]. »

Il peut donc arriver que les éthiques animale et environnementale entrent en tension : faut-il, par exemple, consacrer plus de ressources à protéger les individus dont l'espèce est en voie d'extinction ? Faut-il procéder à une chasse sélective pour conserver un écosystème en l'état ? Ces situations sont complexes parce qu'on peut leur appliquer des principes moraux divergents.

Toutefois, depuis les années 1980, un mouvement cherche à penser de concert les questions d'éthique animale, sociale et environnementale. C'est l'écoféminisme*. En effet, selon cette approche, le patriarcat serait largement responsable des problèmes de l'environnement et de la domestication. La même mentalité «colonisatrice» déterminerait l'exploitation des animaux, des femmes et de la nature.

D'un autre côté, «les femmes sont le cœur et l'âme du mouvement pour la cause animale[29]», rappelle la philosophe Lisa Kemmerer. Elle note également que les premières victimes de l'oppression patriarcale et de la domination de la nature sont les femmes et les femelles animales (exploitées pour leur lait, leurs œufs et leurs petits). Pourtant, la plupart des militants pour la justice sociale «ne connaissent presque rien du spécisme, si bien qu'ils rejettent catégoriquement la cause animale[30]».

Pour Carol J. Adams, une des pionnières de l'écoféminisme, cette ignorance résulte de ce que les animaux sont des «référents absents»: «Ils disparaissent comme individus ou sujets pour devenir l'objet de quelqu'un – pour être élevé, exposé, chassé, dévoré[31].» L'écoféminisme identifie donc un problème de perception morale dans notre rapport à l'environnement, aux animaux et à la nourriture.

---

* C'est l'auteure française Françoise d'Eaubonne, militante féministe, amie de Simone de Beauvoir et cofondatrice du Front homosexuel d'action révolutionnaire (FHAR) qui pose les premières bases de l'écoféminisme – et forge le mot – dans son livre *Le féminisme ou la mort,* Paris, Éditions Pierre Horay, 1974.

L'environnement est ainsi souvent perçu dans un cadre hiérarchique. Pour Marti Kheel, l'auteure de *Nature Ethics: An Ecofeminist Perspective* (2008), il faut cesser de regarder l'individu dans la nature comme subordonné au grand tout. Or, c'est exactement ce que font les théoriciens en éthique environnementale lorsqu'ils défendent la chasse*. Il faut au contraire être véritablement holiste, c'est-à-dire se soucier des relations plutôt que des abstractions désincarnées. Ainsi, la chasse n'est ni une abstraction, ni un sport. Un sport cherche la symétrie entre les compétiteurs tandis que le chasseur impose ses règles et son objectif (tuer). L'animal, lui, ne joue pas ; il cherche très concrètement à fuir pour sauver sa peau.

En éthique animale, la perspective strictement rationnelle d'un Tom Regan ou d'un Peter Singer déprécie le rôle de l'empathie et des affects. Pourtant, selon Marti Kheel, il est parfaitement légitime de devenir végane pour des raisons affectives. De même, si l'approche écoféministe reconnaît la valeur du discours scientifique sur l'évolution et l'écologie, elle « ne perd jamais de vue les êtres individuels qui existent au sein de ces grands récits. Jamais la philosophie écoféministe ne transcende ni ne refuse notre aptitude à l'empathie et au soin (*care*), qui est aussi la plus importante connexion humaine entre les êtres humains et le monde naturel[32] ».

L'approche écoféministe – qui fonctionne à plusieurs égards comme une éthique de la vertu –

_____

* Marti Kheel vise explicitement les théories d'Aldo Leopold, de Holmes Rolston III et de Warwick Fox.

se veut aussi sensible au contexte et aux particularités. Les paysans du Massif central que filme Raymond Depardon sont loin des abominations de l'élevage intensif des porcs en Bretagne ou en Lanaudière. De même, l'injonction d'être végane n'est pas aussi forte à Saint-Pierre-et-Miquelon qu'à Montréal ou à Berlin.

Mais pour accueillir ces nuances, il faut sortir de la pensée dualiste. C'est pourquoi les écoféministes n'opposent pas la raison aux émotions, le corps à l'esprit, l'humain à l'animal, la culture à la nature ou la justice au *care*. Elles prônent au contraire les relations, la coopération et l'empathie. Et elles n'hésitent pas à établir des « sanctuaires », ces refuges pour animaux rescapés de l'oppression humaine.

À travers leurs multiples engagements théoriques et sur le terrain, les écoféministes donnent un sens politique à l'exploitation des animaux. Comme on le verra dans le dernier chapitre de ce livre, elles sont à la source d'une compréhension du véganisme qui s'intègre dans un mouvement anti-oppression plus large. L'écoféministe et activiste queer Greta Gaard résume bien les choses :

> Si nous percevions le lien entre ces systèmes d'exploitation, nous devrions changer notre manière de vivre – ce que nous mangeons, ce que nous portons. Bien sûr, il n'est pas facile d'entreprendre un tel changement... Pourtant, nous arrivons à voir l'entrelacement de l'oppression des femmes de couleur et des diverses nations, nous comprenons que le racisme et le classisme fonctionnent comme le sexisme, nous savons, en substance, que c'est la

revendication d'une différence qui rend possible ces oppressions – qu'est-ce qui nous empêche alors de comprendre l'oppression des autres espèces animales[33]?

On s'en doute, les écoféministes ont aussi une conscience aiguë du désastres écologique qu'engendre le spécisme. Elles savent que le véganisme est bon pour l'environnement. Mais quelle est la portée exacte de l'argument? C'est cette question qui sera au centre du prochain chapitre. Quant à faire un bilan de ce premier chapitre, on peut dire que le consensus en éthique animale est large, solide et ramifié.

Qu'on regarde la situation avec des prémisses déontologiques, conséquentialistes ou en éthique de la vertu, ou qu'on la considère d'un point de vue plus politique avec *Zoopolis* ou les écoféministes, il ne fait guère de doute qu'il n'est pas acceptable de faire souffrir un être sentient sans nécessité. Ce principe se traduit par une condamnation de l'élevage industriel, mais aussi, comme on l'a vu, par celle de ce moindre mal que sont les élevages *humane*. Cela signifie également que, lorsque c'est pratiquement faisable, il existe un impératif moral de devenir végane.

Ceux qui connaissent les débats en éthique appliquée (sur l'euthanasie ou les mères porteuses, par exemple) savent que les experts sont rarement unanimes. Les philosophes ne sont pas réputés pour taire leurs désaccords. Le véganisme est-il bon pour les animaux? Est-ce la meilleure manière de défendre leurs intérêts? Aujourd'hui, pour ce qui concerne les auteurs en éthique animale, le débat est clos. Il serait temps de l'admettre : depuis plusieurs années déjà, la charge de la preuve n'incombe plus aux promoteurs du véganisme.

Il importe enfin de se rappeler que, derrière ce consensus en éthique animale, il y a aussi un consensus scientifique : la plupart des animaux que nous exploitons, tuons et consommons ont des émotions, des préférences, des intérêts. Ils ont une vie qui leur importe. Il serait temps de prendre la mesure de nos responsabilités morales.

Il serait aussi temps que la question animale soit entendue dans le débat public. Une société peut changer. Une société peut réformer ses institutions et faire évoluer ses lois. Dans un cadre démocratique, c'est ce qu'on appelle faire de la politique. Est-il si absurde de penser que les animaux ne devraient pas être des marchandises ?

CHAPITRE 2

L'ARGUMENT ENVIRONNEMENTAL

Été 1986. Coissard, Puy-de-Dôme, France. J'ai grandi à la campagne, dans un petit village auvergnat. J'ai aimé parcourir les chemins à flanc de coteau, marcher pieds nus dans le ruisseau et construire des cabanes au fond du bois. J'ai grandi dans une nature paisible et apprivoisée, mais suffisamment singulière et riche pour fasciner un enfant. Je savais cet environnement fragile, mais j'ignorais à quel point.

Dans cette ruralité des années 1980, tandis que les mobylettes couvertes d'autocollants filaient entre les hameaux dispersés, je concevais l'écologie comme un truc de citadins – ou d'apiculteurs. Le nuage de Tchernobyl survolait alors discrètement le pays, me passant par-dessus la tête.

Je pensais plutôt à jouer. Et durant cet été 1986, dans le village de Coissard, nous jouions à créer des clubs secrets, des sigles et des associations : Coissard Moyen Âge, Coissard Intervention Rapide (CIR), Nature Dossiers Randonnée (NDR), Montmorin Expédition Cabane (MEC).

Parmi toutes ces associations assez éphémères et qui n'excédaient jamais quatre ou cinq membres, une en particulier me reste en mémoire. J'en étais le fondateur, l'idéologue émérite et l'unique membre. Son nom : Coissard Pollution. Sa mission : promouvoir la dégradation de la nature par des moyens efficaces et modernes.

J'avais 12 ans et le sens de l'ironie.

*
*   *

Ce n'est pas l'argument environnemental qui m'a convaincu de devenir végane. Ce sont les raisons en éthique animale. Quoi qu'il en soit, et même si ça m'attriste, je peux concevoir qu'on balaye ce type de raisons du revers de la main (le dernier chapitre reviendra sur le « suprématisme humain » dont procèdent vraisemblablement de telles réactions). En revanche, j'ai beaucoup plus de mal à concevoir qu'une personne sensible à l'environnement ne fasse pas la promotion du véganisme. Je pense même qu'un conséquentialiste qui désire éviter la catastrophe climatique devrait s'efforcer de suivre la règle de ne jamais consommer de produits animaux.

Je ne suis pas un spécialiste en sciences de l'environnement ni en éthique environnementale. Mais je crois qu'il importe de comprendre pourquoi nous sommes si passifs devant la catastrophe annoncée. À cet égard, la réticence à modifier son régime alimentaire n'est qu'un symptôme parmi d'autres.

Dans ce chapitre, après avoir rappelé l'état des lieux (la crise écologique) et les difficultés inhérentes à tout problème d'action collective, je propose un tour d'horizon des recherches en «psychologie environnementale». Je précise ensuite l'effet des différents produits animaux – qu'ils proviennent de fermes conventionnelles ou biologiques – sur le réchauffement climatique, la pollution des eaux, la biodiversité et le gaspillage de ressources. J'expose pour finir ma version de l'argument environnemental en faveur du véganisme. Entre-temps, j'aurais fait de mon mieux pour être clair, à jour et documenté. Il y aura beaucoup de chiffres. Désolé.

Le scénario réaliste

L'honnêteté intellectuelle me force à reconnaître que, malgré des objectifs ambitieux, Coissard Pollution n'eut que peu d'impact sur le réchauffement climatique. Mais l'association était assurément du côté des vainqueurs.

Pour son dernier rapport publié en 2014, le groupe intergouvernemental d'experts sur l'évolution du climat (GIEC) a demandé à plus de 800 scientifiques d'analyser des milliers d'études. Météorologie, océanographie, écologie, technologie, économie et sociologie: c'est le bilan le plus complet des connaissances actuelles sur les divers aspects du changement climatique. Un constat s'impose en comparaison du précédent rapport de 2007. La situation a empiré.

Le réchauffement de l'atmosphère et des océans est unanimement reconnu. D'ici la fin du siècle, on prévoit une montée du niveau de la mer de 26 à 98 cm et une hausse globale des températures de 2 à 4,8 °C (par rapport à la moyenne 1986-2005). Cette hausse sera plus importante sur les continents puisque les océans se réchauffent moins vite.

D'ailleurs, parler de réchauffement est assez trompeur si l'on imagine notre planète comme une casserole oubliée sur le feu. En réalité, le climat terrestre est un système complexe et non linéaire, un système soumis à des points de bascule. Que va-t-il se passer, par exemple, lorsque le méthane prisonnier du pergélisol arctique va se libérer? Voilà, comme l'indique le résumé du rapport, le genre de questions qui rendent la situation si préoccupante. « Les risques croissent de manière disproportionnée lorsque la température s'accroît de 1 à 2 °C de réchauffement supplémentaire et monte au-dessus de 3 °C, en raison d'un potentiel d'élévation important et irréversible du niveau des mers dû à la diminution de la calotte glaciaire[1]. »

Si la tendance actuelle se maintient, le seuil de 2 °C sera atteint en 2030. Le rapport prévoit diverses conséquences: davantage de sécheresses et de pluies diluviennes – voire de cyclones tropicaux –, davantage d'insécurité alimentaire, des problèmes sanitaires, des réfugiés climatiques, des conflits violents et l'extinction d'espèces terrestres et marines[2].

Ce nouveau rapport est pour le moins alarmant. Mais ne cherche-t-il pas à noircir le tableau pour sensibiliser les citoyens et leurs représentants politiques ? Si l'on en croit une étude publiée dans *Global Environmental Change*[3], c'est tout le contraire.

En effet, dans leurs précédents rapports, les scientifiques du GIEC ont systématiquement sous-estimé les effets du changement climatique. Loin de crier au loup, ils auraient donc plutôt tendance à « pécher en étant trop peu alarmistes ». Comment expliquer ce biais conservateur ? La culture des scientifiques, qui valorise la rationalité et l'objectivité froide, les pousserait à dédramatiser les messages qui suscitent des émotions fortes. Au risque de se tromper dans leurs prévisions.

Un climat de déni

L'Australien Clive Hamilton, lui, ne mâche pas ses mots. Pour ce professeur d'éthique publique et spécialiste des politiques environnementales, il serait temps d'admettre que les jeux sont faits. Voilà ce que révèle la science du climat : « nous ne pouvons plus empêcher un réchauffement climatique qui provoquera, au cours de ce XXIe siècle, une transformation radicale du monde, le rendant bien plus hostile et bien moins favorable au développement de la vie[4]. »

Selon Hamilton, même en agissant efficacement et dans l'urgence, il est peu probable que l'augmentation ne demeure en deçà de 3 °C. La calotte glaciaire du Groenland va irrémédiablement continuer à fondre, ce qui provoquera, à terme, une hausse de près de 7 m du niveau des océans. Il faut dire que nos émissions passées de dioxyde de carbone sont déjà dans l'atmosphère : le réchauffement est là pour rester pendant des siècles. Pour une majorité de climatologues, les scénarios pessimistes sont devenus les plus probables.

Les gouvernements d'îles du Pacifique comme le Tuvalu et les Maldives planifient une émigration définitive (pourront-ils garder la nationalité d'un pays submergé ?). De son côté, la Banque Mondiale estime que le scénario réaliste est une augmentation de 4 °C d'ici la fin du siècle[5]. Pour la première fois dans l'histoire, l'être humain a profondément perturbé le climat de la planète qui l'abrite. Certains n'hésitent pas à parler d'une nouvelle ère géologique, l'anthropocène.

Comment en sommes-nous arrivés là ? Et pourquoi n'avons-nous pas pris la mesure du problème ? Les raisons de notre déni collectif sont multiples. Pour Hamilton, le « fétichisme de la croissance » et l'idéologie consumériste fournissent une première explication. Nous ne voulons pas entendre qu'avoir une plus grosse voiture, une plus grosse maison ou acquérir plus de biens matériels, c'est aussi émettre des gaz qui, une fois dans l'atmosphère, constitueront une sorte d'écran qui retiendra l'énergie solaire – c'est le fameux principe des GES.

Il faut dire que, dans les sociétés occidentales, c'est-à-dire celles qui contribuent le plus au réchauffement climatique, tout concourt à nous faire consommer. Pourtant, on sait bien qu'au-delà d'un certain seuil, être plus riche ne rend pas plus heureux. Les recherches en psychologie positive*

---

* La psychologie positive est un champ de la psychologie cognitive et sociale qui ne s'intéresse pas aux pathologies

insistent sur le rôle des prédispositions génétiques, des relations sociales et des activités immersives comme le sport ou la création pour expliquer le bonheur. Pas sur le rôle des cinémas maison.

Hamilton constate même un virage à partir des années 1990 : « La principale raison du passage d'un marketing fondé sur les qualités d'un produit réelles ou supposées, à un marketing des attributs de style de vie d'une marque repose sur la volonté d'exploiter le besoin moderne de construire son identité[6]. » Il est alors d'autant plus difficile de renoncer à la surconsommation et à sa fuite en avant parce que cela signifie, dans une certaine mesure, renoncer à ce que nous sommes.

Par ailleurs, de puissants lobbies (pétrole, charbon, gaz de schiste) défendent leur intérêt économique à exploiter les énergies fossiles. Aux États-Unis, ils ont largement financé, via des organisations « philanthropiques » conservatrices, la contre-attaque climatosceptique[7]. Cette stratégie n'est pas nouvelle. Dans les années 1950, l'industrie du tabac, menacée par les études liant les cigarettes au cancer, avait engagé des firmes de relations publiques pour instiller le doute sur leur valeur scientifique[8].

---

mais aux causes du bien-être et du bonheur. Les gens sont surtout heureux lorsqu'ils sont dans ce qu'on appelle des *flows,* ces activités complexes qui mobilisent toute l'attention en vue d'un objectif réalisable et avec des étapes de satisfaction intermédiaire. En français, le livre de Jonathan Haidt, *L'hypothèse du bonheur. La redécouverte de la sagesse ancienne dans la science contemporaine* (Bruxelles, Mardaga, 2010) constitue une excellente introduction à ce nouveau domaine de recherche.

En effet, un simple doute est souvent suffisant pour entériner le statu quo. La faiblesse de notre culture scientifique, alliée au goût trop humain pour les théories du complot (et à la tendance des journalistes à présenter les «deux côtés de la médaille»), a permis à des thèses ultraminoritaires dans la communauté des chercheurs de prospérer auprès du grand public, en particulier chez les conservateurs. Quoi qu'il en soit, aujourd'hui encore, 27 % des Américains (contre 13 % des Français[9]) considèrent qu'il n'y a pas de preuves solides que la Terre se réchauffe et, parmi les autres, seulement 42 % imputent ce phénomène principalement aux activités humaines[10].

Du point de vue de l'action politique, enfin, le problème avec les changements climatiques, c'est qu'ils exigent une coopération internationale. Mais, comme c'est souvent le cas pour les enjeux environnementaux, on est ici face à ce que l'écologue Garett Hardin a nommé une «tragédie des biens communs». De quoi s'agit-il?

Jusqu'au XVIIIe siècle, il existait en Angleterre des prés communaux où les villageois faisaient paître leur bétail. Ces prés étaient donc une ressource partagée, dont chacun pouvait disposer à sa guise. Qu'est-ce que chaque villageois est alors incité à faire? Utiliser cette ressource au maximum. En effet, si lui n'en profite pas, les autres le feront de toute façon. Chacun raisonnant de cette manière, il en résulte une surexploitation du pré: l'herbe repousse à peine que, déjà, chacun y mène ses bêtes, dévorant ou piétinant les dernières graminées. Le bien commun a vite fait de se transformer en champ de boue.

S'il s'agit d'une « tragédie », c'est parce qu'au bout du compte tout le monde est perdant. Ce problème d'action collective souvent mobilisé en philosophie politique correspond, dans la théorie des jeux, à ce qu'on appelle le « dilemme du prisonnier ». Dans ce type de structure, ce qui est le plus rationnel pour chaque joueur, c'est d'accomplir une action qui aura pourtant des conséquences désastreuses pour chacun d'entre eux (plus de pâturage pour qui que ce soit).

On voit bien l'analogie avec la question climatique. Si chaque État est un joueur et le climat un bien commun, aucun gouvernement n'a intérêt à prendre des mesures drastiques pour diminuer ses émissions de GES. À quoi bon se sacrifier si l'on doit subir, de toute façon, les effets d'un réchauffement dont les autres États seront responsables ? Il s'ensuit une fuite en avant à laquelle il est difficile de résister.

La seule manière d'éviter ce résultat, qu'il s'agisse d'un pré communal ou du climat terrestre, c'est de coopérer. (Certains auteurs pensent d'ailleurs que la moralité humaine a peut-être été inventée pour régler des problèmes de ce type.) Ainsi, les villageois pourraient établir des règles : limiter le nombre d'animaux que chacun a le droit de faire paître ou diviser le pâturage entre tous les habitants – c'est-à-dire privatiser le bien commun. En gros, c'est aussi ce que les États ont essayé de faire pour contrer le réchauffement climatique : passer des accords, s'engager à limiter les émissions, « privatiser » l'atmosphère en distribuant des quotas de GES. Depuis le protocole de Kyoto signé en 1997, et malgré des conférences internationales annuelles, force est de constater que, jusqu'à présent*, les tentatives de coopération ont largement échoué.

Faut-il désespérer? Oui et non, répond Hamilton. Nous devons regarder la réalité en face et renoncer à l'illusion d'un futur enchanté. Mais le nihilisme n'est pas non plus une solution. On peut et on doit limiter les dégâts. Certains scénarios sont pires que d'autres – je pense au monde crépusculaire que décrit Cormac McCarthy dans son roman *La route*. Or, pour éviter le pire, chacun doit y mettre du sien. Et c'est quelque chose qui ne va malheureusement pas de soi.

Six manières de ne rien faire

La société de consommation, la puissance des lobbies et l'incapacité des États à coopérer ne suffisent pas à expliquer notre « inertie climatique ». Il existe aussi des facteurs psychologiques. Comment les individus rationnels que nous sommes peuvent-ils être si peu prompts à agir pour endiguer un fléau mondial sans précédent? C'est précisément ce qu'étudie le professeur Robert Gifford de l'université Victoria en Colombie-Britannique[11]. Il suggère six pistes de réponses.

1. Les limites de la cognition humaine

Si seulement c'était un astéroïde qui fonçait sur la Terre... Hélas, la température et le niveau de la mer

---

* J'écris ces lignes dans l'attente de la conférence de Paris de 2015.

montent tout doucement. Au cours de son évolution, notre cerveau a appris à se méfier des dangers immédiats et bien identifiables. Nous sursautons devant une araignée, nous nous crispons devant un précipice. Une calotte glaciaire qui fond? Même pas peur!

Les psychologues le savent depuis longtemps: la rationalité humaine connaît des failles majeures. Bien que certains ignorent encore son existence, c'est plutôt la dimension diffuse et probabiliste du changement climatique qui fait que nous le négligeons. De plus, la chaîne causale qui y mène est à la fois longue, complexe et indirecte. Il faut bien le reconnaître, le lien entre un gigot d'agneau et la fréquence des canicules ne va pas de soi. Comme on le verra plus bas, il est pourtant bien réel.

À cela s'ajoute ce qu'on appelle le «biais de l'optimisme». Nous avons une tendance spontanée à voir l'avenir en rose alors qu'il n'a pas de raison d'être moins gris que le présent – et, pour ce qui concerne l'environnement, il sera de toute évidence franchement sombre. Or, si l'optimisme est généralement quelque chose de sain et de souhaitable, il devient problématique lorsqu'il nous empêche de prévenir une catastrophe. Des recherches ont ainsi montré que les gens interprètent systématiquement à la baisse les risques climatiques présentés dans les rapports d'experts[12].

Nous avons aussi le sentiment que les choses nous échappent. Le problème est global: comment pourrais-je, à mon échelle, avoir une quelconque influence? C'est un peu comme lorsqu'on vote à des élections: la tentation est grande de s'abstenir au motif que notre voix ne fera aucune différence parmi les milliers d'autres. Ce n'est pas complètement faux; mais il est tout aussi vrai que «chaque vote compte», puisqu'on est dans une logique d'agrégation (l'effet global résulte d'une somme de causes locales).

Dans le cas des actions pro-environnementales, une difficulté supplémentaire vient de l'absence de retour positif. On peut généralement savoir le soir des élections si son candidat a été élu. Mais il n'y a pas d'équivalent lorsqu'on diminue sa consommation d'énergie fossile ou de produits animaux. Les espèces menacées ou les générations futures ne viendront pas *liker* notre geste. Agir contre le réchauffement climatique suppose donc que notre cerveau s'affranchisse en partie de l'habituelle boucle action/*feedback*.

2. La comparaison sociale

Je ne suis pas quelqu'un de particulièrement organisé. J'oublie régulièrement d'emporter un sac pour faire mes courses. Et lorsque je dois en demander un en plastique à la caisse – beaucoup d'épiceries montréalaises en offrent encore –, je me sens vraiment *cheap*. Mais ce n'est pas parce que je pense aux générations futures ou à l'environnement! C'est simplement que j'ai intégré une nouvelle norme sociale.

L'être humain est un animal social. Nous n'avons de cesse de nous comparer aux autres pour en déduire les comportements socialement appropriés. On sait par exemple que les gens se débarrassent plus volontiers d'un déchet dans un environnement jonché de détritus que s'il est propre. De même, lorsqu'on indique aux résidants d'un quartier que leurs voisins consomment moins d'électricité qu'eux, ils vont diminuer leur consommation.

Certaines normes sociales – comme renoncer aux sacs plastiques – sont évidemment bonnes pour l'environnement. Mais le climat est, la plupart du temps, la victime insoupçonnée de notre nature grégaire et rétive aux changements. Si tout le monde jette ses déchets, si tout le monde utilise sa voiture plutôt que les transports en commun ou consomme de la viande, nous serons fortement incités à en faire autant.

Quand bien même la cause nous tiendrait à cœur, nous ne voulons pas être les seuls à porter le poids d'une amélioration. En fait, c'est même notre sens de l'équité qui fait de la résistance : pourquoi devrais-je économiser l'eau ou me priver de viande si mes voisins ont une pelouse bien arrosée et enchaînent les soirées barbecue ? Bien souvent, la raison de notre inertie se cache dans la comparaison sociale.

3. *Le rôle des idéologies*

Il arrive aussi qu'elle se cache dans des croyances religieuses peu compatibles avec la prévention des risques : si Dieu ou Mère Nature veille sur nous, pourquoi s'en faire ? De même, la confiance en un salut technologique peut conduire à l'indolence : après tout, l'histoire de l'humanité est aussi celle des innovations qui nous ont permis de dompter la nature. Pour ma part, avant de lire Clive Hamilton, j'étais plutôt sensible à ce genre de discours. Il importe évidemment de continuer à chercher des solutions techniques (comme le biopétrole) mais tout indique qu'il ne faut pas céder à la pensée magique et attendre un miracle*.

Plus généralement, il est toujours tentant, pour ceux qui profitent d'un système, de le justifier. Comme le note Robert Gifford, l'enjeu environnemental ne fait pas exception : « Lorsque des citoyens ont assez de chance pour avoir un style de vie confortable, une certaine tendance augmente : celle de ne pas "secouer la barque" et surtout de s'arranger pour que d'*autres* ne changent pas le cours des choses[13]. »

4. *Le prix du changement*

Quelques mois avant de devenir végane, j'avais acheté un appareil à raclette. Six petites écuelles en métal permettaient de faire fondre le fromage tandis que la partie supérieure disposait d'un gril pour la viande. Aussi ridicule que cela puisse paraître, je suis convaincu que la simple présence de cet appareil dans le placard du haut a freiné mon abandon des produits animaux. Ce que je ressentais confusément, c'est une « aversion à la perte », un malaise devant le gaspillage que représenterait mon achat si je cessais de l'utiliser.

---

* Dans le cas particulier des produits animaux, nous verrons dans le prochain chapitre le rôle de l'idéologie carniste pour en masquer les effets sur les changements climatiques.

Il est bien établi que le réchauffement climatique coûtera davantage à l'humanité que l'ensemble des mesures qu'elle pourrait prendre pour l'atténuer. Toutefois, du point de vue des individus, le prix du changement est un facteur crucial pour comprendre leur inaction environnementale. Typiquement, avoir investi dans une voiture est une incitation à ne pas prendre les transports en commun. A fortiori, on aura du mal à convaincre celui ou celle qui possède des actions dans l'industrie automobile ou dans les énergies fossiles du péril environnemental et de la nécessité de le combattre.

Mais le prix du changement n'est pas seulement économique. Les gens sont réticents à transformer leur vie quotidienne – et cela prend souvent plusieurs années. Les bonnes raisons ou les arguments décisifs sont bien légers face au poids des habitudes. De plus, la valeur qu'on accorde à l'environnement peut se heurter à d'autres valeurs. On désire éviter la catastrophe climatique, mais on désire aussi voyager en avion, avoir une grosse voiture, un double cheeseburger ou, pire, des enfants*.

5. Défiance et déni

Agir pour la planète ne peut se faire sans une certaine dose de confiance : envers ses concitoyens, les

---

* On oublie souvent que mettre au monde un enfant, surtout dans une société occidentale, c'est contribuer significativement aux émissions de GES puisqu'il va devenir un consommateur d'électricité, de transport, de nourriture, etc. C'est pourquoi certains militants environnementalistes prônent la dénatalité.

responsables politiques, les experts scientifiques. Je me souviens avoir entendu une vague rumeur selon laquelle le contenu des «bacs verts» de Montréal, c'est-à-dire le recyclage collecté par la ville, était envoyé dans une décharge à ordures. Autant dire que, pendant quelque temps, j'étais moins motivé pour trier mes déchets: bien que sans fondement, la rumeur m'avait rendu méfiant.

Personne n'accepte de modifier son comportement s'il ne croit pas – avec un bon degré de certitude – que le changement sera efficace, valable et équitable. On peut d'ailleurs se demander si ce motif d'inaction environnementale ne serait pas tout particulièrement prégnant en France, connue pour être une «société de défiance»: en effet, lorsqu'on fait des comparaisons avec d'autres pays développés, on constate que les Français se défient beaucoup plus de leurs concitoyens, des pouvoirs publics et du marché*. À quoi bon installer une éolienne domestique, si on ne peut pas faire confiance aux mecs d'EDF?

Il arrive aussi que la défiance se transforme en déni. Le réchauffement climatique a alors un point commun avec les fourmis de dix-huit mètres: ça n'existe pas, ça n'existe pas. Kari Noorgaard, une ethnologue qui a étudié ce mécanisme dans une

* Pour Yann Algan et Pierre Cahuc, cette défiance française – qui n'est pas un fait culturel immuable – irait de pair avec l'incivisme et s'expliquerait par «le mélange d'étatisme et de corporatisme du modèle social français». La palme de la confiance revient aux Norvégiens tandis que les Canadiens se classent dans la moyenne des pays développés. Voir Yann Algan et Pierre Cahuc, *La société de défiance. Comment le modèle français s'autodétruit*, Paris, Éditions rue d'Ulm, 2007.

communauté rurale norvégienne, conclut que les gens tombent dans le déni pour éviter des émotions perturbatrices comme la peur, l'impuissance et la culpabilité[14]. Ils maintiennent aussi par là leur identité individuelle et collective.

6. *Actions inefficaces*

En définitive, lutter contre tous ces motifs d'inaction relève de la course à obstacles. Mais quand bien même on y parviendrait, rien n'assure que notre action sera véritablement efficace. Les gens se tourneront plus facilement vers les « petits gestes » (éteindre la lumière en sortant d'une pièce ou fermer le robinet pendant qu'on se brosse les dents) ; malheureusement, leur effet est très limité. Le risque est grand de se satisfaire de bonnes intentions ou d'actions purement symboliques.

D'ailleurs, à qui se fier pour être efficace ? La question peut s'avérer complexe – et nous n'avons pas toujours la réponse (vaut-il mieux acheter une pomme bio importée ou une pomme non bio mais locale ?). Cela étant dit, alors qu'une bonne règle générale pour diminuer son empreinte carbone consiste à moins consommer, le marketing s'est saisi de la cause pour nous faire consommer davantage. C'est ce qu'on nomme le *greenwashing.* Il consiste, pour une entreprise, à miser davantage sur son image écolo qu'à s'investir sérieusement pour l'environnement.

Enfin, il faut aussi craindre l'effet rebond, ce paradoxe qui fait qu'une bonne action finit parfois par avoir de mauvaises conséquences. « Par exemple, note Gifford, les personnes qui achètent un véhicule qui consomme moins d'essence peuvent se mettre à conduire plus vite que lorsqu'elles avaient un véhicule qui consommait plus[15]. »

Sommes-nous pour autant condamnés à l'inertie climatique ? Ces différents obstacles sont-ils insurmontables ? Robert Gifford, qui a longuement étudié la psychologie du changement, sait qu'on peut faire évoluer les normes sociales. Plus personne aujourd'hui n'accepterait de travailler dans ces bureaux enfumés des années 1960 qu'on voit dans la série *Mad Men*. Indiscutablement, nos habitudes et nos perceptions peuvent changer. Mais, si près de quatre décennies ont été nécessaires pour bannir la fumée des espaces publics, aurons-nous le temps d'adapter nos comportements à la nouvelle réalité climatique ?

Véganisme et réchauffement climatique

Et le véganisme dans tout ça ? Comme je l'ai déjà suggéré dans certains exemples, il existe effectivement un lien entre la consommation de produits animaux et les changements climatiques. Pourtant, lorsqu'on ose l'évoquer, on se heurte à ce qui ressemble à une conspiration du silence. Le déni climatique s'épaissit un peu plus lorsqu'il touche à nos assiettes.

Ainsi, parmi la quantité d'articles de presse qui ont accompagné la sortie du rapport du GIEC, ce lien n'est souvent qu'à peine évoqué quand il n'est pas, purement et simplement, ignoré. Les journalistes craindraient-ils pour leur bifteck ?

Il faut dire qu'ils ne sont pas les seuls. Même du côté des grandes organisations non gouvernementales (ONG) internationales, on fait la sourde oreille[16]. Le documentaire *Meat the Truth* (*La vérité incarnée,* en français*), sorti en 2007, pointait avec raison une tache aveugle dans l'argumentaire d'Al Gore, l'ancien vice-président américain devenu militant écologiste. En effet, dans son film *Une vérité qui dérange* (2006), celui-ci avait réussi l'exploit de ne pas dire un mot sur l'élevage (si ce n'est pour évoquer le bétail de la ferme paternelle). Les faits sont pourtant accablants.

La production, le transport, la préparation et le gaspillage de nourriture sont des sources d'émission importantes de GES. Or, les produits d'origine animale sont, de loin, les plus problématiques. Dans un rapport publié en 2013, l'Organisation des Nations Unies pour l'alimentation et l'agriculture (FAO) estime que l'élevage est responsable de 14,5 % de nos émissions globales de GES[17]. C'est beaucoup pour un seul secteur – et c'est sans compter l'industrie de la pêche. En fait, c'est un peu plus que les émissions dues à l'ensemble des transports (voiture, camion, avion, train et bateau)[18].

Par ordre d'importance, ce sont les productions de bœuf, de lait, de porc, de buffle, de poulet et d'œufs qui constituent l'essentiel des émissions de ce vaste secteur agroalimentaire. S'il est assez

---

* Le film est accessible gratuitement en ligne (http://vimeo.com/23526551). Sur le même sujet, on peut aussi voir le plus récent *Cowspiracy* qui suggère en particulier que le mode de financement des organisations écologistes leur impose déjà un programme politique (www.cowspiracy.com).

facile d'imaginer que la combustion de l'essence produit du gaz qui ira obstruer l'atmosphère terrestre, en quoi les vaches laitières ou les cochons participent-ils au réchauffement climatique?

Il faut d'abord rappeler qu'en amont, l'exploitation des animaux suppose de produire des végétaux pour nourrir ces derniers. Or, le fumier et les fertilisants qu'on utilise libèrent de l'oxyde nitreux (N_2O), un GES très puissant. L'élevage implique également, en particulier en Amérique du Sud, une déforestation significative: soit pour faire pousser des céréales destinées aux animaux, soit, plus directement, pour convertir des terres en pâturage.

Ensuite, la digestion des ruminants (comme les vaches ou les moutons) produit du méthane (CH_4), un GES 25 fois plus puissant que le dioxyde de carbone (CO_2). Les déjections sont aussi une source importante d'oxyde nitreux. Enfin, comme dans tout processus industriel, l'entretien des exploitations, la transformation, la congélation et le transport consomment des énergies fossiles.

Toutes ces informations sont disponibles: comment un spécialiste du sujet comme Al Gore a-t-il pu les ignorer? Quoi qu'il en soit, la FAO, elle, en tient compte. Et c'est en combinant ces facteurs aux particularités géographiques de chaque région du monde qu'elle peut établir la part de l'élevage dans le réchauffement climatique.

On peut également déterminer l'empreinte carbone de chaque type d'aliment. Ainsi, consommer 1 kg de bœuf, revient à émettre 68,8 kg d'équivalent CO_2*. C'est autour de 35 kg pour les autres viandes, 5,9 kg pour les œufs, 5,4 kg pour le poisson, et 1,8 kg pour un litre de lait. En comparaison, consommer 1 kg de fèves de soja émet 2 kg d'équivalent carbone, les tomates 1,5 kg, le blé 1 kg, les patates 0,4 kg et le sucre 0,1 kg[19].

Il devient alors possible de calculer l'empreinte carbone d'une diète donnée. C'est exactement ce à quoi s'est employée une équipe de chercheurs de l'université d'Oxford. Ils ont ainsi minutieusement analysé les menus de 65 000 Britanniques. Parmi eux, 2 000 véganes et 15 000 végétariens. La conclusion est sans équivoque : « Les gouvernements qui désirent mettre à jour leur définition d'une "diète santé et durable" doivent recommander de diminuer la consommation de produits animaux[20]. »

En effet, pour un « gros mangeur de viande », c'est-à-dire une personne qui, comme la majorité des Britanniques, en consomme plus de 100 g par jour, l'empreinte quotidienne est de 7,19 kg de CO_2. Elle est de 5,63 kg pour un consommateur « modéré », qui mangera de 50 à 100 g de viande par jour. Pour un végétarien et un végane, elle sera respectivement de 3,18 kg et de 2,89 kg. Autrement dit, lorsqu'on considère leur diète, les véganes britanniques contribuent entre deux et trois fois moins que les omnivores au réchauffement climatique.

---

* L'équivalent CO_2, aussi appelé « potentiel de réchauffement global », est l'unité de mesure utilisée pour comparer l'impact des différents GES. Le méthane et les autres GES émis pour produire 1 kg de bœuf sont ainsi convertis en équivalent CO_2.

Quel est le poids relatif des économies de GES liées à l'alimentation? Une équipe de chercheurs internationaux supervisée par le département britannique de l'énergie et du changement climatique a mis au point un «calculateur global» pour évaluer l'effet de différents leviers[21]. Pour la spécialiste en sécurité alimentaire et changement climatique Laura Wellesley, «si la diète occidentale devient la norme d'ici 2050, même avec des énergies plus propres et une action ambitieuse dans les autres domaines de nos modes de vie, nous nous dirigeons vers un réchauffement global de 4 °C[22]». Elle estime en revanche que, dans un scénario où l'on parvient à émettre moins de CO_2 pour la production d'énergie, un changement de diète rend envisageable une élévation de seulement 1,5 °C (c'est-à-dire moins que le seuil critique de 2 °C).

D'un point de vue plus individuel, de nombreuses actions peuvent être entreprises en faveur de l'environnement: diminuer le gaspillage, mieux isoler sa maison, utiliser des énergies renouvelables, les transports en commun. Être «locavore», c'est-à-dire faire le choix de n'acheter que des produits locaux, est aussi bénéfique, puisque cela diminue d'autant les GES associés aux transports. Mais quel est le poids d'un tel geste environnemental par rapport à l'adoption d'un régime végétalien?

En fait, comme la part moyenne des transports dans l'empreinte carbone de tout le cycle d'un aliment n'est que de 11 %, une étude a montré qu'être végétalien une seule journée par semaine était plus efficace, en termes de réduction des GES, qu'acheter local sept jours sur sept[23]. Autrement dit, il vaut mieux manger des végétaux transportés par bateau ou camion que du bœuf bio et local.

Un sondage international, commandé par l'Institut royal britannique des Affaires internationales, indique que 83 % des répondants admettent que les activités humaines contribuent au changement climatique[*]. Toutefois, au sein de toutes ces activités, c'est la production de viande et de lait qui est le moins souvent identifiée comme contributrice au changement : seulement 29 % des gens ont conscience de conséquences environnementales de l'élevage, contre 64 % pour celles des transports dont l'impact est comparable. Il existe donc une véritable distorsion entre la perception des gens et la réalité.

Pour le chercheur britannique Rob Blay, c'est la preuve qu'il y a un manque flagrant de sensibilisation à ce sujet. Il l'explique par le silence des « experts » et des responsables politiques :

La ligne de conduite des gouvernements et des décideurs politiques semble être que d'essayer de

---

[*] Le sondage a été commandé par l'Institut royal des affaires internationales dans 12 pays (Afrique du Sud, Allemagne, Brésil, Chine, États-Unis, France, Italie, Inde, Japon, Pologne, Royaume-Uni et Russie). Les rapporteurs notent par ailleurs que « les répondants prêts à changer la quantité de viande ou de produits laitiers qu'ils consomment étaient davantage susceptibles d'être fortement d'accord que les activités humaines contribuent au changement climatique, que ceux qui n'étaient pas prêts à le faire ». (Rob Blay, Anthony Froggatt et Laura Wellesley, « Livestock-Climate Change's Forgotten Sector: Global Public Opinion on Meat and Dairy Consumption », Londres, Royal Institute of International Affairs, Chatham House, décembre 2014, p. 18.)

changer les habitudes alimentaires, c'est, au mieux, relever un défi trop complexe et, au pire, risquer un retour de bâton pour s'être immiscés dans les choix de vie des gens. [...] Il en résulte un manque de sensibilisation du public et une certaine complaisance : les gens peuvent raisonnablement supposer que, si la consommation de viande et de produits laitiers était vraiment un problème pour le climat, les gouvernements et les groupes environnementaux en feraient plus à ce sujet[24].

Pollution, biodiversité et gaspillage

Le silence des décideurs politiques, des médias et des ONG est d'autant plus troublant que la consommation d'animaux entraîne bien d'autres préjudices environnementaux. L'eau potable, par exemple, est en train de devenir une ressource rare. Pour plusieurs, « l'or bleu » sera un enjeu économique de première importance dans les années à venir. Or, produire 1 kg de bœuf requiert 15 400 l d'eau (l'équivalent de *beaucoup* de douches), 1 kg de porc, 6 000 l, 1 kg de beurre, 5 500 l tandis que 1 kg de légumineuses (lentilles, soja) se contente d'un 4 000 l[25].

Par ailleurs, l'élevage est responsable d'une part importante de la pollution des cours d'eau. Le lisier, les pesticides utilisés pour le fourrage et les antibiotiques indispensables à l'élevage intensif finissent par contaminer les rivières et les nappes phréatiques. Ils sont aussi en partie responsables (avec d'autres déchets industriels) de ces nombreuses « zones mortes » – parce que sans oxygène – qui se sont notamment multipliées dans la mer

Baltique et dans le golfe du Mexique. L'aquaculture, qui produit désormais l'essentiel des saumons sur le marché, est aussi incriminée pour ses déchets polluants.

La FAO est parfaitement consciente du lien avec l'alimentation carnée : «Aux États-Unis, passer d'une diète à base de bœuf au végétarisme pourrait réduire la demande totale en terre et en fertilisant de plus de 50 % dans le bassin du Mississippi, sans changer la production totale de protéines destinées aux humains. Ce changement réduirait les nitrates charriés par le Mississippi à un niveau qui rendrait les "zones mortes" du golfe du Mexique petites ou inexistantes[26].»

Par ailleurs, on estime qu'on ne connaît que 12 % des espèces (animales, végétales et microbiennes) qui peuplent notre planète[27]. Parmi celles-ci, 41 % des amphibiens, 34 % des conifères et 25 % des mammifères seraient menacés d'extinction[28]. Étant donné que la majeure partie de la biodiversité terrestre se trouve dans les zones tropicales, c'est surtout là que la déforestation entraîne les pertes les plus dommageables.

La demande humaine de produits animaux est clairement en cause. Au Brésil, par exemple, le déboisement de l'Amazonie vise pour l'essentiel à créer des pâturages pour des bœufs destinés à l'exportation[29]. De même, en Amérique latine et en Asie, le quart des mangroves, ces bandes de végétation foisonnante qui bordent les littoraux des tropiques, ont été détruites pour la culture des crevettes. La FAO soulève un autre problème : «Le secteur affecte aussi directement la biodiversité par des espèces étrangères invasives (le bétail lui-même et les maladies dont il peut être le vecteur) et par la surexploitation des pâturages, par exemple[30].»

Il ne faut pas non plus oublier la pollution des sols et des eaux, et les effets du réchauffement climatique. Beaucoup d'espèces ne peuvent pas s'adapter aux modifications rapides qui bouleversent leur habitat. La situation des ours polaires est emblématique de ce phénomène. (Et dans les océans, la surpêche a décimé des espèces comme la morue ou le thon rouge).

Si l'on voit les écosystèmes et la biodiversité comme un bien commun, pour reprendre l'expression de Garrett Hardin, il faut alors reconnaître qu'on est à nouveau face à un problème d'action collective. L'humanité a beaucoup à perdre en réduisant la biodiversité; mais chacun d'entre nous a bien peu à gagner à se priver de crevettes ou de steak pour préserver les mangroves ou la forêt amazonienne.

On peut donc dire que l'effet sur l'eau et la biodiversité constituent des «externalités négatives» de nos habitudes alimentaires. Mais leur coût ne se retrouve évidemment pas dans la facture d'une raclette, d'un burger* ou d'une assiette de charcuterie. Pour autant, cela ne signifie pas

---

* Pour l'économiste Raj Patel, si nous intégrions toutes les externalités négatives dans le prix d'un burger, la facture pourrait d'élever à près de 200 dollars! Voir son livre *The Value of Nothing: How to Reshape Market Society and Redefine Democracy,* New York, Picador, 2009, p. 46.

qu'il soit nul : tôt ou tard, la société et les générations futures devront en payer le prix.

J'ai déjà dit que produire de la viande ou du beurre consomme énormément d'eau. En réalité, ce sont tous les aliments d'origine animale qui constituent, en un certain sens, une forme de gaspillage. Les animaux d'élevage sont des herbivores. Ils convertissent des protéines végétales en protéines animales qu'ingèrent les humains. Or, leur taux de conversion n'est pas impressionnant.

Ainsi, il faudra 4,4 kg d'aliments végétaux pour produire 1 kg de viande de poulet, 9,4 kg pour 1 kg de porc et 25 kg pour 1 kg de bœuf[31]. Le gaspillage que j'ai évoqué plus haut consiste donc en une utilisation inefficiente de nos ressources. Un champ qui produit du maïs ou du soja destiné à du bétail – lequel est destiné à des humains – pourrait nourrir bien plus de personnes si les humains mangeaient directement ce maïs ou ce soja*.

Certes, l'efficience dépend largement du contexte. Un cochon qu'on ne nourrirait par exemple, qu'avec des déchets – qui, sans cela, seraient jetés – pourrait malgré son faible taux de conversion, devenir « rentable ». Il n'empêche qu'il demeurerait plus rationnel d'utiliser ces mêmes déchets pour nourrir des insectes, puisque ceux-ci transforment 2 kg de nourriture en 1 kg de « viande[32] ».

La même logique prévaut pour les poissons. Ainsi, en aquaculture, produire 1 kg de saumon requiert 3 kg de sardines ou de harengs. Quant à la

---

* C'est en bonne partie cette efficience de l'alimentation végétalienne qui explique que les véganes ont une empreinte carbone plus faible que les omnivores.

pêche en mer, elle a aussi ses inconvénients. En effet, lorsqu'un chalutier remonte ses filets, ceux-ci ne renferment pas seulement des prises destinées à la consommation. Ces prises « accessoires » sont loin d'être négligeables : pour 1 kg de crevettes, par exemple, on compte en moyenne* 5 kg d'animaux marins[33] qui meurent habituellement sur le bateau et sont rejetés à la mer.

Lorsque près d'un milliard d'humains sont sous-alimentés, il y a quelque chose d'aberrant à un tel gaspillage. Certes, le véganisme ne réglera pas à lui seul la question de la faim dans le monde – dont les tenants sont surtout économiques et politiques –, mais il contribue assurément à diminuer et à égaliser la part de ressources que chaque humain prélève sur la planète.

Lorsque de jeunes militants écolos – si j'en crois leurs t-shirts – m'arrêtent dans la rue pour une pétition ou de l'argent, je suis souvent surpris d'apprendre qu'ils ne sont pas véganes. Il serait plus que temps que ceux qui se préoccupent sincèrement de l'environnement donnent l'exemple. Fort heureusement, les choses évoluent et certaines ONG comme Greenpeace Québec ou Rainforest Action Network prônent aujourd'hui un changement de nos habitudes alimentaires. Et qui l'aurait deviné ? Même Al Gore est devenu végane.

---

* La palme du saccage écologique revient aux crevettes thaïlandaises avec près de 14 kg de *bycatch* pour 1 kg de crevettes. Il faut aussi savoir que les crevettes thaïlandaises sont souvent pêchées par des ouvriers dans des conditions proches de l'esclavage.

L'effet de halo de la viande bio

À force d'évoquer les raisons d'être végane avec des omnivores éclairés, j'ai pu identifier certaines réactions récurrentes. L'une d'entre elles consiste à rejeter d'un bloc la question de l'éthique animale, mais à prendre au sérieux l'argument environnemental. De plus en plus de personnes sont convaincues que l'élevage industriel, c'est-à-dire l'élevage intensif, n'est pas soutenable. Mais y a-t-il une alternative? Plutôt que d'opter pour le véganisme, ne vaudrait-il pas mieux acheter de la viande bio et locale?

À première vue, l'empreinte écologique de ce type de produits animaux est moindre que pour la filière conventionnelle. En effet, la viande bio signifie, par définition, que les animaux auront consommé de la nourriture bio, c'est-à-dire produite sans intrants chimiques[*]. C'est donc meilleur pour l'environnement, puisque les engrais conventionnels, les pesticides et les antibiotiques polluent les eaux. Par ailleurs, acheter local diminue les émissions de GES liées au transport[†].

---

[*] À proprement parler, le label bio ne dit pas autre chose. En particulier, cela n'implique pas nécessairement que l'exploitation soit «petite» ni que les animaux soient traités «humainement». Je renvoie au premier chapitre pour la question de la viande *humane*.

[†] À condition toutefois de ne pas aller l'acheter directement à la ferme ou d'y aller en vélo! Si tous les consommateurs prennent leur voiture pour parcourir les campagnes en quête de produits locaux, le bilan carbone pourrait bien être pire que celui d'un produit étranger qui a voyagé en grande quantité (en vertu de l'économie d'échelle).

De ce point de vue, on ne peut nier qu'il vaut mieux acheter de la viande bio et locale. Mais est-ce significativement mieux? Pas vraiment. Tout d'abord, on a déjà vu que le transport ne représente en moyenne que 11 % des émissions de GES associées aux aliments. Pour le reste, la viande bio n'émet pas moins de GES que la viande conventionnelle. Elle requiert autant d'eau et les animaux ont évidemment le même taux de conversion de protéines végétales en protéines animales. Il se pourrait même que son empreinte carbone soit plus importante dans la mesure où, dans ce type de fermes, les animaux vivent habituellement plus longtemps que dans une ferme industrielle.

L'élevage bio a aussi un inconvénient qui lui est propre: il prend beaucoup plus de place que l'élevage conventionnel. Or, les terres consacrées à l'élevage occupent déjà presque un tiers de la surface de la planète. Il serait utopique de croire qu'on puisse passer d'un modèle intensif à un modèle extensif sans réduire drastiquement l'offre de produits animaux.

Et il serait tout aussi utopique de croire que, dans un système où les animaux sont des biens de consommation, l'élevage puisse échapper aux lois du marché. D'ailleurs, le modèle intensif ne s'est pas développé par hasard. Comme le rappelle James McWilliams, il demeure le plus rentable: « Si la production de viande et de lait était, d'une manière ou d'une autre, décentralisée en petites exploitations extensives, le bon sens économique suggère que ça ne durerait pas. Ces entreprises – quelles que soient leurs bonnes intentions – chercheraient peu à peu à élargir leurs parts de marché, à réduire

leurs dépenses, à augmenter la densité de leur élevage et à engraisser leurs bestiaux plus rapidement
que leurs concurrents[34]. »

En définitive, les raisons d'acheter de la viande
bio sont surtout d'ordre hédoniste (ça a meilleur
goût) ou prudentiel (c'est sans antibiotique). Du
point de vue environnemental, en revanche, le
bénéfice par rapport à la filière conventionnelle est
assez mince et en aucun cas généralisable. L'omnivore bio est donc loin des performances écologiques du végane – et cela d'autant plus si le végane
s'approvisionne en fruits et légumes bios et locaux,
ce qui est assez courant.

Pourtant, combien de fois ne m'a-t-on pas servi
l'argument du « petit producteur bio » ? Il s'appelle
Jean-Luc ou Bernard. Il vit en Ardèche ou dans
Charlevoix, il prend soin de ses bêtes et il fait attention à l'environnement. D'ailleurs, ça se sent dans
ses produits qui fleurent bon l'amour et le terroir
– pas comme ces saloperies de supermarché. Jean-
Luc ou Bernard est vraiment un chic type. Si tu
passes dans son village, tu le salues de ma part ; il
t'offrira un coup à boire.

En pratique, la plupart des gens n'achètent
qu'exceptionnellement de la viande bio. Mais comment comprendre que cette option demeure, en
théorie, si attractive ? D'où vient l'espèce d'aura
éthique dont jouissent les élevages bios ? Je crois
qu'on peut avancer deux hypothèses. D'une part,
ils profitent d'une comparaison avantageuse avec
les élevages intensifs qui sont perçus comme *la*
référence, l'option par défaut. D'autre part, l'aura
des « petits éleveurs bios » réside, me semble-t-il,
dans ce qu'on nomme l'effet de halo.

En 1915, le psychologue américain Edward Thorndike remarque un curieux phénomène. Lorsqu'il demande à des officiers d'évaluer leurs soldats en termes de caractéristiques physiques, intellectuelles et de personnalité, il constate un biais récurrent. Les officiers attribuent de «bonnes notes» aux mêmes soldats dans différents domaines. Tout se passe donc comme si le fait d'être beau, par exemple, projetait un halo sur des traits sans rapport comme l'intelligence ou la loyauté.

Depuis lors, l'existence de cet effet a été largement confirmée : une impression initiale positive induit d'autres jugements positifs (et inversement). Ainsi, les personnes au physique avantageux ont, en moyenne, de meilleures notes à l'école, sont jugées plus sympathiques et dignes de confiance et atteignent un statut social plus élevé. C'est évidemment injuste, mais autant le savoir.

Or, des études récentes ont mis en évidence un effet similaire avec la nourriture bio[35]. En ajoutant une étiquette bio sur des biscuits, ils seront perçus comme moins caloriques (on parle dans ce cas d'un «halo santé»). De même, lorsqu'on demande à des gens de comparer un yogourt ordinaire et un yogourt bio (alors qu'il s'agit du même produit), ils préfèrent le goût du second.

Ce que je crois, c'est que l'effet de halo contribue aussi à la bonne «image de marque» de la viande bio. Le fait d'être « sans produits chimiques » projette un halo pro-écolo qui suffit à faire oublier un bilan carbone peu reluisant. Je ne serais pas non plus surpris que la viande bio profite de l'aura de sympathie des «petits producteurs» qui perpétuent la tradition en marge de l'industrie.

Il n'y a pas de raison de douter que Jean-Luc ou Bernard soit une bonne personne, généreuse et sensible. Il n'y a pas non plus de raison de douter qu'il accorde sincèrement de l'importance à l'environnement. Mais cela ne change rien au fait qu'en termes de GES et d'optimisation des ressources, il ferait mieux de cultiver des légumes que de produire du fromage ou du saucisson.

Y a-t-il de la viande industrielle dans les spaghettis bolognaise?

Je l'ai dit, les produits bios sont un marché de niche. Alors, pourquoi s'en prendre à Jean-Luc ou Bernard (qui n'est déjà pas bien riche)? Après tout, l'essentiel des produits animaux venant de la filière conventionnelle, c'est celle-ci qui cause l'essentiel des dommages à la planète. Ne serait-il pas sage de garder le sens des proportions? Le problème, c'est que l'impact du bio va bien au-delà de son chiffre d'affaires. Il a aussi, et peut-être surtout, un impact psychologique.

En effet, on peut craindre que la viande bio ne projette son halo sympathique – et largement indu – sur l'ensemble de la filière animale. J'espère me tromper. Mais comme dans le cas des omnivores consciencieux du chapitre précédent, j'ai très souvent eu le sentiment qu'acheter, à l'occasion, un poulet ou un fromage bio engendrait un malencontreux effet rebond : s'autoriser un quotidien de pizzas quatre fromages et de merguez au barbecue.

Je soupçonne même que, dans certains contextes, la seule pensée qu'il serait possible de s'approvisionner chez Jean-Luc ou Bernard, déculpabilise un peu de l'avoir fait chez Provigo ou Franprix. Tout se passe comme si notre cerveau pouvait facilement glisser d'un «il est acceptable de manger de la viande bio» à un «il est acceptable de manger de la viande *tout court*».

Ce glissement est particulièrement manifeste dans les contextes sociaux. James McWilliams rapporte ainsi une discussion avec un ami éditeur. Celui-ci est un omnivore consciencieux et éclairé qui s'intéresse honnêtement à divers aspects de l'éthique alimentaire. Il achète sa viande chez des petits producteurs locaux, bios et *humane*. Après une seconde bière, McWilliams explique combien il peut être embarrassant, pour un végane, d'être invité à souper : lorsqu'on lui tend un plat, il doit bien souvent le refuser poliment.

Une idée lui vient alors en tête. Et il interroge son ami : «Et toi, est-ce que tu demandes si la viande provient d'un élevage industriel lorsqu'on t'offre des spaghettis bolognaise ?» La réponse, on l'aura deviné, est négative. Aussi consciencieux soit-il, l'omnivore éclairé ne franchit pas un certain seuil dans la mise en œuvre de ses convictions. Il glisse. Il fait facilement du hors-piste avec ses engagements moraux.

Le végane, pour sa part, a une position plus tranchée*. Sa ligne morale est lisible. Il ne prend pas

---

* C'est ce que montre l'étude déjà évoquée au chapitre précédent : Hank Rothgerber, «Can You Have Your Meat and Eat It Too? Conscientious Omnivores, Vegetarians, and Adherence to Diet», *Appetite,* vol. 84, 2015.

de sauce bolognaise. En un sens, il est plus radical. Mais ce radicalisme est bon pour l'environnement. Car en déclinant la sauce bolognaise, le végane suggère aussi qu'un autre paradigme alimentaire est possible.

Et on doit changer de paradigme. La consommation globale de viande ne cesse d'augmenter. Entre 1971 et 2010, la production mondiale de viande a triplé[36]. En 2050, la population terrestre atteindra les 9,6 milliards d'habitants. Avec l'urbanisation des pays en développement et l'émergence de nouvelles classes moyennes attirées par le mode de vie occidental, la FAO prévoit que la demande pour les produits animaux va augmenter de 70 %. Et avec elle, le réchauffement climatique.

Pour ne pas dépasser le seuil des 2 °C d'augmentation fixé par les accords internationaux, il faudrait diviser par deux les émissions globales de GES d'ici 2050[37]. Cela suppose une petite révolution dans nos habitudes de consommation. Qu'on soit optimiste ou pessimiste sur les changements climatiques, il importe de considérer tous les leviers à notre disposition. Or, aussi contre-intuitif que cela puisse paraître à bien des omnivores, le véganisme est une des options les plus réalistes. Nous n'allons pas cesser de nous chauffer, de nous éclairer ou de nous déplacer. Mais nous pouvons facilement changer notre régime alimentaire. Certes, tout comme l'agriculture n'est qu'une partie du problème climatique, le véganisme ne sera jamais qu'une partie de la solution. Mais pourquoi l'ignorer ?

Un conséquentialisme de la règle

Le principe de l'argument environnemental est facile à comprendre. En diminuant la demande en produits animaux, on diminue d'autant l'offre. Les éleveurs restreindront peu à peu* leur cheptel en limitant la reproduction – qui est artificielle et contrôlée (ce n'est pas maman vache et papa taureau qui décident d'avoir un bébé!).

Il s'ensuivra des conséquences favorables pour la planète et les générations futures. À terme, les bouchers et les éleveurs changeront de secteur d'activité comme cela s'est déjà vu bien souvent dans l'histoire de l'humanité. Il faut espérer qu'il en sera de même avec le secteur des énergies fossiles.

Paul Watson est peut-être le militant le plus connu pour son application de l'argument environnemental. En effet, l'ancien dirigeant de Greenpeace – et l'un des «héros de l'écologie du XXe siècle» selon *Time Magazine* – est aussi un ardent végane. Aujourd'hui à la tête de Sea Shepherd, une organisation qui s'est fait une spécialité de pourchasser les baleiniers, il explique que sur leur bateau, la nourriture est toujours végane. «Nous sommes véganes parce que c'est un crime écologique de manger du poisson; nous sommes véganes parce que nous sommes pour la conservation marine et pas parce que nous sommes des militants pour le droit des animaux[38].»

---

* Faut-il le préciser, les animaux d'élevage ne vont pas nous envahir du jour au lendemain si on cesse de les manger!

Paul Watson insiste aussi sur le gaspillage de ressources que représente l'alimentation carnée et rappelle notamment que les vaches sont devenues les plus gros prédateurs marins de la planète : elles mangent davantage de poisson (sous la forme de farines animales) que tous les requins, dauphins et phoques du monde réunis.

On le voit, cette approche « conservationniste » se distingue de celles examinées au précédent chapitre. Paul Watson n'accorde pas de valeur intrinsèque à l'intérêt à vivre, au bien-être ou à la liberté des vaches et des poissons. En tant que tel, l'acte de consommer une vache ou un poisson n'est pas condamnable. Ce qui l'est, en revanche, ce sont les conséquences sur l'environnement de la répétition ou de la généralisation de cet acte.

L'argument relève donc d'une forme de conséquentialisme. Mais contrairement à l'éthique animale, qui condamne l'acte de manger un produit animal si cela n'est pas nécessaire, l'argument environnemental évalue la moralité à un niveau plus global et demande de suivre une règle générale. C'est ce que les philosophes nomment un « conséquentialisme de la règle* ».

---

* Techniquement, le conséquentialisme de la règle se distingue du conséquentialisme de l'acte. Pour ce dernier, une action est moralement correcte si, et seulement si, elle maximise la valeur des conséquences dans une situation spécifique. Pour le conséquentialisme de la règle, en revanche, une action est moralement correcte si, et seulement si, elle respecte une règle qui maximise *en général* la valeur des conséquences, mais pas nécessairement dans la situation spécifique que l'on considère. Si le conséquentialiste de la règle et le conséquentialiste de l'acte ne s'accordent pas sur la *définition*

L'idée consiste à agir en suivant une règle simple et générale dont on peut attendre de bonnes conséquences – en particulier si plusieurs personnes l'adoptent. Ainsi, lorsque je recycle une bouteille de verre, ce n'est pas parce que je crois que, dans la situation où je me trouve, cet acte est moralement obligatoire. C'est plutôt parce que je sais que la règle « essayer de recycler tout ce qui peut l'être » est bénéfique et généralisable.

Le conséquentialisme de la règle insiste également sur l'importance de cultiver des dispositions psychologiques (c'est-à-dire des habitudes) qui permettront de suivre la règle. À force de recycler, je développe une sorte d'automatisme qui fera de moi un « bon recycleur ».

En somme, l'argument environnemental ne dit pas autre chose : parmi toutes les règles liées à l'alimentation, cultiver la disposition au véganisme est sans conteste celle dont on peut attendre les meilleures conséquences pour la préservation de l'environnement. Le célèbre journaliste et auteur américain Chris Hedges, récemment devenu végane avec son épouse, soutient même que c'est « le changement le plus direct que nous pouvons faire immédiatement pour sauver la planète et ses espèces[39] ».

---

de l'action correcte, ils peuvent néanmoins s'entendre sur l'idée que suivre une règle générale est une bonne *procédure de décision*. Autrement dit, un utilitariste de l'acte peut très bien soutenir que cultiver la disposition au véganisme et recycler le plus souvent possible de bonnes règles à suivre en tant que procédures de décision. (Merci à Mauro Rossi pour ces précisions.)

La force de l'argument s'appuie aussi sur un principe de réalité. Qu'on le veuille ou non, la viande et le lait vont devenir des produits de luxe. La pénurie d'eau sera la première en cause. Ainsi, pour l'institut international de l'eau à Stockholm, « si on suit la tendance actuelle, il n'y aura pas assez d'eau disponible pour les terres cultivées afin de produire la nourriture d'une population de neuf milliards de personnes en 2050[40] ».

On peut noter à ce propos que, même en dehors de toute considération environnementale, un parent responsable devrait éduquer le goût de son enfant en conséquence : lui faire découvrir la salade de lentilles plutôt que le bœuf haché et les sorbets aux fruits plutôt que la crème glacée. Faute de quoi, la frustration gastronomique sera l'avenir du genre humain.

On devine que l'approche par le conséquentialisme de la règle entraîne une certaine flexibilité dans le véganisme environnemental (et le recyclage). Après tout, l'argument ne dit pas qu'il est mal *en soi* de consommer des animaux. Si Paul Watson est invité chez sa grand-mère qui lui a préparé une recette non végane (parce qu'elle ne sait pas cuisiner autrement), il peut faire une entorse à la règle sans se sentir moralement hypocrite.

Il faut enfin souligner que l'argument environnemental s'inscrit parfaitement dans une approche anthropocentriste : il s'agit de maximiser les préférences des générations humaines, présentes et futures. Le véganisme comme règle alimentaire vise à sauver l'humanité d'elle-même en lui assurant un environnement viable. Il cherche à résoudre, avec pragmatisme, un problème d'action collective. Il s'ensuit qu'il est parfaitement possible d'être spéciste – ou d'aimer torturer les chats –, tout en endossant cet argument*. Bref, pas besoin d'aimer les animaux pour être végane !

On n'en conclura pas trop vite que l'éthique environnementale est forcément un anthropocentrisme. Beaucoup d'auteurs considèrent que les êtres vivants (biocentrisme) ou les écosystèmes (écocentrisme) ont une valeur morale intrinsèque, c'est-à-dire indépendamment de leurs relations aux humains. Pour ce type d'approche, la nature n'est pas une simple ressource à préserver pour le bien-être des humains.

Lutter contre le déboisement ou les monocultures destinées à nourrir les animaux d'élevage, par exemple, pourrait ainsi relever d'un respect (déontologique) envers les écosystèmes. Cela peut paraître étrange. Il faut dire qu'on éprouve facilement des émotions morales comme l'empathie à l'égard d'un humain ou d'un animal en détresse ; mais envers un écosystème† ? Il se pourrait toutefois que ces perspectives plus radicales en éthique environnementale ouvrent la voie du profond changement de valeurs que Clive Hamilton appelle

---

* Il existe en particulier une forme de spécisme assez courante qui consiste à accorder beaucoup de poids aux intérêts d'un animal, à condition qu'il soit sauvage. La faute aux documentaires animaliers ?

† Mon ami Antoine C. Dussault, un jeune chercheur écocentriste, pense que l'émotion que les anglophones nomment *awe* pourrait motiver un tel devoir envers les écosystèmes. Il s'agit d'un effroi mêlé de respect, une forme d'émerveillement qui rappelle le sentiment du sublime.

de ses vœux : « De même que les valeurs de l'éthique protestante ont favorisé la naissance du capitalisme, il faut s'attendre à ce que des valeurs inédites émergent de l'ère du réchauffement, telles que modération, humilité, respect, voire vénération à l'égard du monde naturel[41]. »

« *Je ne suis pas végane mais vous devriez l'être* »

Revenons à l'argument dans sa version classique, c'est-à-dire anthropocentriste. Dans quelle mesure entraîne-t-il un impératif végane ? Il faut d'abord préciser que Paul Watson plaide pour l'adoption d'un régime végétalien plutôt que pour le véganisme à proprement parler. En tant que tel, l'argument environnemental n'a rien à dire sur la corrida, les zoos ou l'exploitation du travail des animaux. Mais implique-t-il que Paul Watson cesse de consommer des produits animaux ou simplement qu'il en consomme moins ?

Après tout, adopter un régime végétarien, par exemple, contribue significativement à réduire son empreinte carbone (pour autant qu'on ne remplace pas systématiquement la viande par du fromage). De même, celui qui divise par deux sa consommation de produits animaux aura un impact non négligeable*. Dans ces conditions, ne pourrait-on pas se contenter de demi-mesures ?

---

* Ainsi, les émissions européennes liées à l'agriculture pourraient diminuer de 25 à 40 % si les Européens coupaient de moitié leur consommation de viande et de produits laitiers. Voir Adam Vaughan, « Halving Meat and Dairy Consumption Could Slash Farming Emissions », *The Guardian*, 25 avril

La question est philosophiquement délicate. Pour le conséquentialisme de la règle, il faut adopter des règles qui maximisent la valeur attendue de nos actions, c'est-à-dire les «bonnes conséquences». Dans le cas de l'environnement, cela signifie que nous devrions tout faire pour avoir l'empreinte carbone la plus légère possible: devenir végétalien, mais aussi ne se déplacer qu'à vélo ou en transports en commun, n'utiliser que des énergies renouvelables et, en définitive, avoir un mode de vie extrêmement frugal.

On l'imagine aisément, cela paraîtra à la plupart des gens un objectif plutôt rebutant. Les philosophes parlent à ce propos de l'objection des «exigences trop élevées» du conséquentialisme. Certains auteurs «avalent le morceau» et répondent qu'il faut s'y faire, la moralité est exigeante. D'autres préconisent une stratégie plus accommodante: lorsque les exigences morales sont collectives – comme c'est le cas avec le réchauffement climatique –, chacun pourrait se contenter de faire sa juste part, c'est-à-dire celle qui, dans l'hypothèse d'une collaboration de tous, aurait une conséquence satisfaisante*.

2014, www.theguardian.com/environment/2014/apr/25/halve-meat-dairy-consumption-slash-emissions-farming.

* On parle d'ailleurs parfois de conséquentialisme «satisfaisant» qu'on oppose à la version «maximisante». Par exemple, et de façon un peu caricaturale, cela pourrait signifier que, pour lutter contre la pauvreté, la juste part de chaque humain qui appartient au milliard le plus riche de l'humanité consisterait à aider un (mais pas plus) des humains parmi le milliard le plus pauvre afin d'améliorer sa situation.

La question devient donc de savoir si un régime végétalien relève ou non de cette juste part. La réponse dépend largement du contexte. On ne peut demander à une paysanne indienne qui émet 1,5 t de CO_2 par an ou à un pêcheur sénégalais qui plafonne à 0,4 t ce qu'on exigera d'un Français (5,9 t) ou d'une Canadienne (16,3 t)[42]. Sachant que l'objectif de 2 °C d'ici 2050 signifie que chaque terrien a un quota de 2 t par an, et sans entrer plus avant dans les calculs, on ne voit pas comment la juste part des habitants des pays industrialisés pourrait faire l'économie d'un régime végétalien.

Évidemment, pour beaucoup cela paraîtra encore trop exigeant. Ils jalouseront peut-être le pêcheur sénégalais ou la paysanne indienne pour qui le véganisme n'est pas moralement requis. Plus sûrement, ils piocheront dans la palette des mécanismes de l'inaction environnementale examinés en début de chapitre. Ce faisant, ils seront en quelque sorte des *free riders* (resquilleurs) : ils profiteront des efforts de ceux qui adoptent des habitudes plus favorables à l'environnement sans y contribuer eux-mêmes. Ils ne payeront pas leur juste part*.

Pour les autres, montrer l'exemple en devenant soi-même végane demeure sans doute la meilleure manière de convaincre. Montrer qu'un autre paradigme alimentaire est possible. Qu'elle soit bio ou non, oublier la sauce bolognaise. Boire un verre avec Jean-Luc ou Bernard, ne pas traumatiser sa grand-mère, mais rester sur une ligne morale claire.

---

* D'un point de vue pratique toutefois, plutôt que de les blâmer, il sera probablement plus efficace d'encourager toutes leurs bonnes initiatives, alimentaires ou non.

Le véganisme n'est alors plus seulement la meilleure réponse éthique à l'argument environnemental. C'est aussi un enjeu réellement social et politique.

À défaut d'adopter soi-même le véganisme, on peut au moins en faire la promotion. C'est là l'exigence la plus minimale qu'on puisse déduire de l'argument environnemental. « Je ne suis pas végane mais vous devriez l'être. » « Je ne suis pas végane mais, au nom de l'humanité, je vous remercie de l'être devenu(e). » Cette attitude peut être inconfortable, mais elle n'est pas contradictoire. Beaucoup de fumeurs, par exemple, encouragent leurs proches à ne pas fumer et sont favorables aux lois antitabac.

Je ne vois pas comment y échapper. Indépendamment de toute considération en éthique animale et simplement parce que l'urgence climatique frappe chaque jour plus fort à la porte, toute personne rationnelle devrait, minimalement, faire la promotion du véganisme. Pourquoi n'est-ce pas le cas ?

La réponse tient en deux mots : dissonance cognitive.

CHAPITRE 3

DISSONANCE COGNITIVE

21 décembre 1954, Michigan, États-Unis. La fin du monde est pour cette nuit. C'est du moins ce que croient, avec une conviction inébranlable, les membres d'un petit groupe religieux américain. La prophétie de Marian Keech est sans équivoque : des messages reçus par « écriture automatique » de la planète Clarion l'ont avertie que la Terre serait inondée avant l'aube de ce jour funeste.

Pour le groupe des fidèles venus rejoindre Marian Keech, tous les humains vont périr et eux seuls seront sauvés. Ils y croient dur comme fer : des extraterrestres vont venir à leur rescousse avant minuit. Ils ont d'ailleurs vendu leurs biens et quitté leur emploi. Certains dont le conjoint ne partageait pas leur croyance ont choisi de divorcer.

Si ces événements sont bien connus, c'est parce qu'ils nous ont été rapportés de l'intérieur par un infiltré. Le psychologue américain Leon Festinger avait repéré cette secte millénariste grâce à un article du journal local. Il avait alors demandé à un collègue de se joindre au groupe des fidèles afin de conduire une analyse qualitative. Ce qui intéressait

Festinger, c'était de tester ses hypothèses sur la notion de dissonance cognitive.

En psychologie sociale, la dissonance cognitive désigne l'inconfort mental qui vous saisit lorsque deux de vos croyances, ou une croyance et un comportement, sont en contradiction. Or, pour fuir cette dissonance, l'esprit humain est capable d'habiles stratégies d'évitement. C'est pourquoi, note Festinger : « L'homme de foi est inébranlable. Dites-lui votre désaccord, il vous tourne le dos. Montrez-lui des faits et des chiffres, il vous interroge sur leur provenance. Faites appel à la logique, il ne voit pas en quoi cela le concerne. [...] Nous connaissons bien les défenses multiples et ingénieuses que les gens utilisent pour protéger leurs convictions et savons comment ils s'arrangent pour les maintenir intactes à travers les assauts les plus dévastateurs[1]. »

Dans le cas du groupe de Marian Keech, Festinger avait anticipé une forte dissonance cognitive. Que se passerait-il si l'apocalypse n'avait pas lieu ? Comment les fidèles accommoderaient-ils leur croyance que la Terre devait être engloutie et le constat que le monde existe encore ?

On devine que, en ce soir du 21 décembre, les croyants rassemblés dans la maison de la prophétesse sont pour le moins tendus. Lorsque sonnent les 12 coups de minuit et qu'aucun vaisseau spatial n'a déchiré la nuit pour les recueillir, ils sont abasourdis. Pourquoi ? Comment est-ce possible ?

Personne ne trouve d'explication. Ils attendent dans la torpeur l'apocalypse prévue avant l'aube. Toutefois, peu après 4 heures du matin, Marian

Keech reçoit un message extraterrestre : Dieu a décidé d'épargner la Terre, en réponse à la bonté et aux prières des fidèles. L'angoisse fait place à la joie et à la gratitude. Tout va bien se passer. Qui plus est, les divorces et les ventes de maison n'ont pas été faits en vain. Ils ont sauvé le monde.

D'un point de vue psychologique, la dissonance cognitive a été résolue par une pensée « consonante » : c'est *à cause* de la prophétie et de leurs prières que le monde a été sauvé. Festinger avait prédit qu'un regain de prosélytisme permettrait de solidifier le groupe ; au démenti de la réalité devrait succéder une recherche de soutien social. Et c'est exactement ce qui est arrivé. Loin de disparaître, le groupe de Marion Keech s'est mis à recruter de nouveaux membres.

Éviter les dissonances

Depuis la publication du livre de Festinger *L'échec d'une prophétie* en 1956, la théorie de la dissonance cognitive a été confirmée et raffinée par plusieurs psychologues[2]. Voici quels en sont les principes de base :

- Il y a dissonance cognitive lorsque des cognitions, c'est-à-dire toutes sortes de croyances, explicites ou implicites, vraies ou fausses, sont incompatibles entre elles ou incompatibles avec un comportement.
- Plus les cognitions auront de l'importance aux yeux du sujet, plus la dissonance aura de l'amplitude.

- Nous tolérons mal la dissonance*: les gens cherchent donc à l'atténuer et à rétablir une cohérence (une «consonance») entre leurs cognitions et leurs comportements.
- On peut atténuer (ou annuler) une dissonance de trois manières: 1) changer son comportement; 2) changer l'importance d'une cognition conflictuelle; ou 3) ajouter de nouvelles cognitions «conciliantes».

Voici un exemple. Je suis convaincu que je devrais donner de l'argent aux plus pauvres, en particulier s'ils font la manche dans la rue. Je marche sur le boulevard Saint-Laurent, je vois un homme assis par terre avec un gobelet pour recevoir de la monnaie. Il cherche mon regard. Je fais mine de rien. Je passe mon chemin. Pif paf! Dissonance cognitive.

Comment puis-je concilier une croyance et un comportement qui sont manifestement incompatibles? La théorie de Festinger suggère trois options. Je pourrais ajuster mon comportement, revenir sur mes pas et donner un ou deux dollars (ça m'est déjà arrivé). Je pourrais revoir ma conviction selon laquelle il faut donner aux plus pauvres – en fouillant bien, chacun peut se trouver quelques bonnes intuitions de droite! Mais dans un cas comme

---

* L'inconfort d'une dissonance cognitive peut même se mesurer physiologiquement: des expériences ont notamment montré que les gens transpirent davantage (à la jointure des doigts) lorsqu'on leur demande d'écrire un texte qui va à l'encontre de leurs conviction. Voir Robert Croyle et Joel Cooper, «Dissonance Arousal: Physiological Evidence», *Journal of Personality and Social Psychology,* vol. 45, n° 4, 1983, p. 782-791.

celui-ci, le plus probable sera que j'opte pour la troisième stratégie, à savoir renforcer mon comportement par de nouvelles cognitions. Je me dirais, par exemple, que je suis vraiment pressé et que mon argent est au fond de mon sac. Et puis, l'homme n'a pas l'air en si pitoyable condition. D'ailleurs, j'ai déjà donné la veille. Et puis c'est à l'État et pas aux individus de résoudre la question de la pauvreté. Voilà. Je me sens déjà beaucoup mieux.

C'est la dissonance cognitive qui explique qu'on trouve si facilement des défauts à son ex après une séparation. C'est encore elle qui nous fait voir plein de nouvelles qualités à un achat après une longue hésitation. C'est aussi elle qui explique que plus nous aurons investi d'efforts dans une tâche, plus nous attribuerons de bénéfices à sa réalisation (nous voulons à tout prix éviter la dissonance « c'était pénible et ça ne sert à rien »). C'est elle enfin qui fait dire au renard de la fable que les raisins inaccessibles sont trop verts, et que, tout bien réfléchi, il n'en a pas vraiment envie.

Comment peut-on ne pas être végane ?

Qu'on soit végane ou omnivore ne change évidemment rien à l'affaire : l'esprit humain est constitué de telle sorte que nous devons tous nous accommoder des différentes dissonances cognitives qui surgissent dans notre vie quotidienne. Il est toutefois frappant que notre attitude à l'égard de la viande cadre parfaitement avec la théorie développée par Festinger.

En effet, un des premiers intérêts de cette théorie, c'est de rappeler la force de notre besoin de cohérence. L'homme est un animal qui cherche la cohérence et fuit les cognitions incompatibles. Il ne serait d'ailleurs pas fou d'y voir un des moteurs essentiels de la réflexion intellectuelle.

L'homme est un animal qui n'aime pas que ses croyances et ses comportements se contredisent. Or, pour la plupart des gens, consommer des animaux entre forcément en tension avec l'intuition qu'on devrait respecter leur bien-être. De plus en plus de personnes savent également que cela ne s'accorde pas avec cette autre croyance : il faut préserver l'environnement.

Nous aimons les animaux et nous aimons manger leurs cadavres. Nous blâmons la cruauté et nous encourageons l'élevage industriel. Nous éprouvons de l'empathie pour les chiens et les chats et nous exploitons les vaches et les cochons. Voilà la dissonance. Voilà le sujet de ce chapitre.

En un sens, les véganes ont tous résolu cette dissonance. Ils l'ont résolue par la première option : en changeant leur comportement. De ce point de vue, la question n'est pas de savoir « comment peut-on être végane ? » Un végane est simplement une personne qui ajuste son comportement à ses valeurs, en limitant, autant qu'il est possible, son impact sur la souffrance animale.

La question sérieuse, la question troublante est tout autre. Comment la majorité des humains peuvent-ils s'accommoder de la dissonance cognitive ? Comment peut-on *ne pas* être végane ?

« *Je sais que les animaux souffrent...*
mais j'aime mon steak »

Luiz Antonio a trois ans, les yeux qui brillent et une maman qui n'est pas cinéaste. Sur les réseaux sociaux, plusieurs millions de personnes ont partagé l'épiphanie de ce jeune Brésilien. Il faut dire que la scène captée par sa mère a de quoi émouvoir. Luiz Antonio est à table. Dans son assiette : du riz, des pommes de terre et du poulpe.

Curieux, le petit garçon s'interroge. Où est la tête du poulpe ? Dans la mer ? Non, lui répond sa mère. Elle est chez le marchand de poisson qui lui a coupé la tête pour que nous puissions le manger. Et c'est pareil avec tous les animaux qu'on mange, même le poulet. Devant son assiette qui refroidit, les yeux de Luiz Antonio s'écarquillent : « Mais non ! Ce sont des animaux ! » C'est à ce moment précis qu'a lieu la révélation. « Alors... lorsqu'on mange des animaux, ils meurent ? Je veux qu'ils restent en vie... ces animaux, on doit s'en occuper... et pas les manger ! »

Si autant de personnes ont été sensibles à la vidéo du jeune Brésilien, c'est peut-être parce qu'elle présente la captation en direct d'une dissonance cognitive. Luiz Antonio, trois ans, réalise devant la caméra qu'il ne peut pas en même temps aimer les animaux et les manger. Il le réalise et il n'aime pas ça. Sa mère, dans un mélange de fierté et d'attendrissement, va l'aider à réduire la dissonance : il ne sera pas obligé de finir son assiette.

Le phénomène des enfants « végétariens indépendants », c'est-à-dire qui choisissent de ne pas consommer de viande alors qu'ils sont élevés dans une famille omnivore, a retenu l'attention des psychologues*. Dans une étude de 2009, tous les enfants végétariens indépendants, âgés de 6 à 10 ans, expliquent leur choix par le respect du bien-être animal (mais ils ne condamnent pas pour autant les omnivores)[3]. De façon générale, l'intérêt des enfants pour les animaux est quelque chose de bien connu – et sur lequel Walt Disney a bâti un empire. Les enfants aiment les animaux, veulent qu'ils soient heureux et ne savent pas bien les dessiner.

Que se passe-t-il lorsque nous devenons adultes? Nous restreignons notre empathie à certaines espèces. Tout se passe comme si cette sensibilité aux émotions d'autres êtres sensibles ne pouvait plus s'appliquer qu'aux animaux de compagnie. Nous avons l'empathie sélective. Il a été montré que, de façon générale, l'intensité de notre empathie suit l'ordre de la proximité phylogénétique[4] : les êtres humains seraient d'abord sensibles aux autres humains, puis aux primates, aux autres mammifères, aux oiseaux, aux reptiles, aux amphibiens, aux poissons et aux invertébrés†. Les poulpes attendront.

---

* Un sondage Harris Poll daté de 2014 indique que 4 % des Américains âgés de 8 à 18 ans seraient végétariens (ou véganes), sans toutefois distinguer les végétariens indépendants de ceux qui vivent dans une famille végétarienne. Voir www.vrg.org/blog/2014/05/30/how-many-teens-and-other-youth-are-vegetarian-and-vegan-the-vegetarian-resource-group-asks-in-a-2014-national-poll.

† Cela correspond à ce que Scott Plous nomme le principe de similarité : «En général, les gens accordent plus de considération aux individus qu'ils perçoivent comme sem-

Quoi qu'il en soit, il est indéniable que notre empathie peut dépasser la frontière de l'espèce. Jean-Jacques Rousseau avait raison lorsqu'il faisait de la pitié « une répugnance naturelle à voir périr ou souffrir tout être sensible[5] ». Or, si avoir de l'empathie pour un animal, c'est partager sa souffrance, sa peur, mais aussi sa joie ou sa surprise, c'est aussi se sentir concerné par ce qui lui arrive.

En littérature, nombreux sont les auteurs qui ont eu à cœur de dépeindre les animaux comme des êtres sensibles : depuis Plutarque et Voltaire jusqu'à Jonathan Safran Foer, en passant par Flaubert, Zola, Colette, Kafka, Tolstoï, Isaac Bashevis Singer ou J.M. Coetzee. Pour sa part, Marguerite Yourcenar déplorait qu'on fasse des animaux « des produits fabriqués à la chaîne, vivant leur brève et pauvre existence dans l'insupportable éclat de la lumière électrique[6] ».

Psychopathes mis à part, qui peut réellement demeurer indifférent devant des images d'abattoir ? Qui peut voir sans frémir l'agonie d'un bœuf ou d'un porc ? Et ces enfilades de poules pondeuses entassées dans des cages fienteuses ? Comment ne pas avoir la nausée devant ces films en caméra cachée* qui documentent le gavage des canards

blables à eux-mêmes qu'aux individus qu'ils perçoivent comme dissemblables. » Scott Plous, « Psychological Mechanisms in the Human Use of Animals », *Journal of Social Issues,* vol. 49, n° 1, p. 11-52.

* Il faut rendre hommage aux militants qui tournent et aux organismes qui diffusent ces films : L214 en France, Humane Society International et Mercy for Animals au Canada. Ceux qui voudraient tester leur capacité empathique – et s'informer sur la réalité de l'élevage – pourront visionner pour le foie gras? Partout dans l'élevage intensif, la quantité de souffrance au mètre carré met l'empathie humaine à rude épreuve.

Derrière les emballages appétissants de nos supermarchés, la « chaîne alimentaire » suppose une réalité où le sordide le dispute à l'abject : limage des dents et castration sans anesthésie des porcelets (heureusement, les opérateurs peuvent porter un casque antibruit pour ne pas être perturbés par les hurlements), débecquage des poules pondeuses dont les pattes, à force d'être immobiles, se solidarisent des grilles, poussins mâles broyés vivants, vaches systématiquement privées de leurs veaux.

La liste macabre continue : truies tirées par des treuils jusqu'au camion qui les mènera à l'abattoir, poules plongées dans l'échaudoir, lapins ou bœufs dépecés encore conscients parce que, lorsque des animaux se débattent, l'étourdissement connaît des ratés. Quoi qu'il en soit, avec ou sans ratés, le résultat est le même : saucisson pur porc, camemberts moulés à la louche, lapin aux pruneaux.

La question doit être posée : comment une personne psychologiquement saine peut-elle ne pas être horrifiée? C'est justement là que va s'enclencher tout le processus de dissonance cognitive. Comme le rappelle la philosophe Lori Gruen,

gratuitement sur internet des films documentaires comme *Earthlings* (*Terriens*, en français) et *La face cachée de la viande*. En moins *gore*, on peut aussi recommander le film *Blackfish* (Gabriela Cowperthwaite, 83 mn), ainsi que le travail de la photographe Jo-Ann McArthur et le documentaire qui lui a été consacré, *The Ghosts in Our Machine* (Liz Marshall, 93 mn).

«lorsque nous commençons à reconnaître les animaux non humains comme dignes de notre attention morale parce que ce sont des êtres pour qui on peut avoir de l'empathie, ils ne peuvent plus être simplement vus comme de la nourriture[7]». Voilà tout le problème. Nous savons que les animaux souffrent, mais nous aimons notre steak.

Comprendre la psychologie de l'omnivore, c'est précisément ce qui intéresse Steve Loughnan, un chercheur en psychologie morale de l'Université de Melbourne, en Australie. Après des travaux sur la manière dont on peut retirer toute dignité morale à certains humains, Loughnan s'est tourné vers nos habitudes alimentaires. Il a surtout été frappé par ce qu'il nomme «le paradoxe de la viande» : «La plupart des gens se soucient des animaux et ne veulent pas les voir souffrir, mais ils s'engagent dans une diète qui requiert qu'on les tue et, le plus souvent, qu'ils souffrent. Malgré cette souffrance et ces morts prématurées qui heurtent leurs croyances sur la manière dont on devrait traiter les animaux, la plupart des gens continuent à manger de la viande[8].»

La théorie de la dissonance cognitive est vite apparue comme le meilleur cadre pour conceptualiser cette tension. En effet, explique Loughnan, quand on considère leurs habitudes alimentaires, les gens «possèdent souvent diverses croyances morales, parfois illogiques, parfois contradictoires, qui leur permettent de motiver, de justifier et de supporter leurs actions[9]». Si bien que, depuis quelques années, il cherche à comprendre comment nous tentons d'échapper au paradoxe de la viande.

Comme on va le voir plus loin, il a mis au point plusieurs études empiriques.

Aux États-Unis, le psychologue Hank Rothgerber s'inspire lui aussi de la théorie de Festinger pour comprendre notre rapport aux produits animaux[10]. Il a même repéré huit stratégies – qui ne sont pas mutuellement exclusives – pour réduire la dissonance : 1) éviter d'y penser ; 2) se persuader que les animaux ne sont pas conscients ; 3) se persuader qu'ils ne souffrent pas ; 4) faire une dissociation entre viande et animaux ; 5) se convaincre qu'on n'a pas le choix ; 6) se convaincre qu'on a changé son comportement ; 7) trouver des justifications pour consommer des produits animaux ; et 8) changer effectivement son comportement alimentaire.

Il ne s'agit pas de dire que tout le monde subit l'inconfort de la dissonance cognitive. Mais pour les autres – et ils sont nombreux –, il y a, en quelque sorte, une contradiction à surmonter. Je l'ai déjà dit, opter pour le véganisme consiste à suivre la dernière voie identifiée par Rothgerber. Pourtant, même si de plus en plus de personnes s'y intéressent, c'est encore loin d'être l'option la plus populaire. Quelles sont les différentes manières de *ne pas* être végane ?

« ... mais ils ne souffrent pas vraiment »

Pour Leon Festinger, la première stratégie pour résoudre ou réduire une dissonance cognitive consiste à modifier l'importance d'une cognition conflictuelle. Dans le cas du paradoxe de la viande, cela peut se traduire ainsi : se persuader que les animaux ne sont pas conscients ou, du moins, qu'ils ne sont pas assez conscients pour vraiment souffrir.

Ce déni de la conscience animale est un phénomène très répandu et bien documenté. Pour David Chauvet, il convient même de parler d'une phobie – une « mentaphobie » – « parce qu'on a peur de reconnaître cette conscience, dans la mesure où la reconnaître signifie devenir un criminel en tuant des animaux[11] ». Pourtant, comme la déclaration de Cambridge sur la conscience animale le souligne (voir le chapitre 1), il ne fait aujourd'hui plus aucun doute que les vertébrés ressentent la douleur et éprouvent des émotions.

Les poissons sont probablement les premières victimes de ce déni de conscience. Dans ma transition vers le véganisme, j'ai moi-même eu ma phase « pesco-végétarienne ». Je ne mangeais plus de viande, mais je ne voyais pas de problèmes – sinon environnementaux – avec les poissons. Je n'arrivais tout simplement pas à me représenter la souffrance d'un poisson.

Et, pour dire la vérité, je n'ai pas depuis lors développé d'empathie particulière pour les saumons ou les truites. Mais je me suis renseigné. Comme tous les vertébrés, les poissons ont un système nerveux central (un cerveau) et ils peuvent ressentir la douleur[12]. Or, le nombre de poissons tués chaque année est considérable – bien plus que les 60 milliards d'animaux terrestres envoyés à l'abattoir.

Dans les préoccupations sur le bien-être animal, les poissons sont assurément les grands oubliés.

Mais leur mort par asphyxie ou éclatement des organes internes (conséquence d'une décompression rapide lorsqu'on remonte les filets de pêche) est peut-être la plus douloureuse de tous les animaux de consommation. Il n'est pas non plus rare qu'ils soient éviscérés alors qu'ils sont encore vivants. Ne pas consommer de poisson – ni d'animaux terrestres nourris avec des farines de poisson* – c'est donc éviter une vaste quantité de souffrance non nécessaire.

On peut, comme en mon temps avec les poissons, contester l'existence même d'une conscience animale; mais on peut aussi essayer de la minimiser. Steve Loughnan et ses collègues ont mis au point plusieurs expériences astucieuses qui prennent les participants en flagrant délit de «démentalisation».

Dans une première expérience sur de prétendues «préférences alimentaires», on demande à certains participants de goûter des noix de cajou et à d'autres du bœuf séché[13]. On leur propose ensuite une seconde étude qui n'est pas censée être en lien avec la première. Ils doivent noter leur degré de préoccupation morale pour différents animaux, dont une vache. Comme le prédit la théorie de la dissonance cognitive, les participants qui ont goûté au bœuf séché manifestent globale-

---

* On estime qu'un quart des prises de poissons sert à nourrir les animaux d'élevage. On en utilise également pour confectionner des produits comme le maquillage, le cirage ou les bougies (voir le petit livre de Joan Dunayer, *Poissons. Le carnage,* Lyon, Tahin Party, 2004, http://tahin-party.org/textes/Poissons_le_carnage.pdf).

ment moins de considération morale pour les animaux. Et tout particulièrement pour la vache.

Dans une autre expérience, on présente à tous les participants la photo d'un mouton dans un pré. Mais tous ne voient pas la même légende. Certains lisent «Ce mouton va être changé de pré et passer le reste de sa vie avec d'autres moutons», tandis que pour les autres, il est écrit «Ce mouton va être conduit à l'abattoir et sa viande sera bientôt disponible dans un supermarché». Les participants doivent alors évaluer différentes capacités mentales de l'animal (planifier, souffrir, éprouver de la peur, du plaisir, etc.).

Cette fois encore, les résultats vérifient les prédictions : le mouton destiné au supermarché est perçu comme ayant moins de capacités mentales que son jumeau qui sera simplement changé de pré. Ce phénomène est même accentué lorsqu'on annonce aux participants qu'ils vont ensuite goûter de la viande pour un prétendu sondage de consommateurs. Pour les auteurs de l'étude, cela signifie que «le déni d'un esprit facilite des pratiques moralement douteuses, mais appréciées et valorisées culturellement, en alignant des cognitions avec un comportement pour réduire la dissonance[14]».

De façon plus générale, on constate que les gens attribuent moins de capacités mentales aux animaux qu'ils jugent comestibles comme les vaches ou les chèvres qu'à d'autres espèces comme les chiens, les chats, les lions ou les antilopes[15]. Toutefois, on peut se demander si c'est parce que les gens jugent qu'une espèce souffre moins qu'ils la consomment ou, au contraire, si c'est parce qu'ils la consomment qu'ils jugent qu'elle souffre moins.

Une dernière expérience permet de tirer les choses au clair[16]. On demande à des étudiants américains si les kangourous arboricoles ressentent la douleur et méritent notre considération morale. Il est alors précisé soit que cette espèce exotique est consommée par les habitants de Papouasie–Nouvelle-Guinée, soit qu'elle vit simplement sur ce territoire. Or, quand bien même les participants n'ont jamais mangé de kangourou arboricole, le simple fait de le mettre dans la catégorie «nourriture» les conduit à minorer sa conscience et sa valeur morale.

Bref, on peut atténuer le paradoxe de la viande en «démentalisant» les animaux qu'on consomme. Nous nous persuadons qu'ils ne souffrent pas pour pouvoir les manger sans trop culpabiliser.

«… mais nous avons besoin de protéines animales»

L'agence spatiale américaine estime que le premier vol habité pour la planète Mars pourrait partir vers 2030. L'épopée – aller-retour – durera deux ans et demi. Comment prévoit-on de nourrir les astronautes? Avec une alimentation végétalienne[17].

On n'en conclura pas trop vite que la NASA est devenue sensible aux questions d'éthique animale. Des aliments comme la viande, les œufs ou les produits laitiers ne se conservant pas facilement, il est tout simplement beaucoup plus simple de ne consommer que des protéines végétales. Les astronautes pourront aussi cultiver quelques plantes dans leur navette.

Si les nutritionnistes de la NASA ne craignent pas de carence, c'est parce qu'il n'est pas nécessaire de consommer des protéines animales pour être en bonne santé. On peut assumer que la prise de position officielle de l'association des nutritionnistes américains et canadiens vaut aussi pour les voyages sur Mars : « Une alimentation végétalienne bien planifiée permet de combler tous les besoins en nutriments. Elle est sans danger et saine pour les femmes enceintes ou qui allaitent, pour les bébés, les enfants, les adolescents et les personnes âgées[18]. »

Plusieurs sportifs de haut niveau sont d'ailleurs publiquement véganes : l'ancien sprinter Carl Lewis, l'ultra-marathonien Scott Jurek, le joueur de hockey Georges Laraque, la patineuse artistique Meagan Duhamel, l'homme « le plus fort du monde » Patrik Baboumian ou encore le jeune champion du monde de la mémoire Jonas von Essen (si on veut bien y voir un sport).

Dans le monde anglo-saxon, plusieurs personnalités sont aussi des véganes plus ou moins militants : Jessica Chastain, Moby, Morrissey, Natalie Portman, Joaquin Phoenix, Ellen Page ou Peter Dinklage (Tyrion Lannister dans *Game of Thrones*). Plusieurs semblent avoir été sensibles au documentaire *Forks over Knives* (2011) qui présente les bienfaits sur la santé des régimes à base de végétaux.

De son côté, le Physicians Commitee for Responsible Medecine (comité des médecins pour une médecine responsable), un organisme américain indépendant qui regroupe plus de 12 000 médecins, fait la promotion du menu végétalien pour les cantines scolaires[19] et propose un kit « défi végane 21 jours ». En Californie, le réalisateur James Cameron (*Titanic, Avatar*) et sa femme ont ouvert une école alternative entièrement végane[20].

Les assureurs – qui ont un intérêt économique à ce que leurs clients vivent longtemps – encouragent de plus en plus le végétalisme. Aux États-Unis, Kaiser Permanente, une des plus importantes sociétés d'assurance maladie, avec plus de 9 millions de membres, incite les médecins à « recommander une diète à base de végétaux à tous leurs patients[21] ». Au Royaume-Uni, une assurance vie propose même 25 % de rabais pour les végétariens et les végétaliens.

J'ai personnellement découvert les bénéfices du véganisme pour la santé en assistant à une conférence de Michael Greger. Ce médecin américain consulte toutes les études en nutrition que publient les revues scientifiques afin d'en proposer des résumés sur son site web*. Dans ses conférences, le Dr Greger rappelle aussi qu'il n'y a rien d'essentiel dans les produits animaux. Qu'elle soit animale ou

---

* Le site du docteur Greger : www.nutrionfacts.org. On y apprend par exemple que, lorsqu'on est végane, il est prudent de prendre un supplément de B12. En effet, cette vitamine qui provient de micro-organismes présents notamment dans la pourriture est difficile à trouver dans les végétaux. Les omnivores n'en ont pas besoin parce que les animaux qu'ils consomment sont eux-mêmes supplémentés en B12. (Et rappelons à ceux qui y verraient un indice que le véganisme n'est pas « naturel » que la plupart des gens devraient prendre des vitamines D en hiver.)

végétale, une protéine est une protéine – et nous en consommons globalement trop[22].

Nous n'avons pas non plus besoin de lait pour les os. Nous avons besoin de calcium, lequel se trouve dans de nombreuses sources végétales. En fait, la majorité des populations mondiales est même intolérante au lactose, car elle n'a pas développé la persistance à la lactase et donc la capacité, après le sevrage, de digérer le lait maternel, qu'il provienne d'une femme ou d'un autre mammifère[23].

Aujourd'hui, la question n'est plus de savoir s'il est possible d'être végétalien et en bonne santé. Il s'agit plutôt de voir ce que sont les bénéfices exacts d'une telle diète pour prévenir certaines maladies. Ainsi, le titulaire de la Chaire de recherche du Canada en nutrition et métabolisme, le professeur David Jenkins, fait la promotion active du végétalisme[24]. On estime d'ailleurs qu'environ le tiers des nouveaux végétaliens sont d'abord motivés par leur santé.

Même s'il est bien sûr possible d'être végétalien et de très mal se nourrir (les chips, c'est végane!), la recherche confirme qu'un régime végétalien correctement mené est plutôt bon pour la santé. Une grande étude en nutrition vient d'être achevée[25]. Elle a comparé la santé de 73 000 personnes (des adventistes américains) sur six ans. Parmi eux: 5 500 végétaliens. Durant cette période, pour les végétaliens et pour les végétariens, les risques de décéder étaient respectivement de 15 % et de 9 % inférieurs à ceux encourus par les omnivores. Le médecin nutritionniste français Jérome Bernard-Pellet n'est pas surpris par ces résultats : « L'augmentation de l'espérance de vie n'est que le reflet de l'effet préventif sur de nombreux fléaux de santé publique : maladies cardio-vasculaires dont les cardiopathies ischémiques, cancers du côlon et de la prostate, diabète de type 2. Par ailleurs, l'alimentation végétalienne agit positivement sur de nombreux facteurs de risques : hypercholestérolémie, hypertension artérielle et obésité[26]. »

J'ai l'habitude de dire que l'« argument santé » pour le végétalisme n'est pas un argument moral. En effet, ce sont plutôt des raisons prudentielles qui poussent quelqu'un à adopter une telle diète pour son bien-être. Des raisons de ce type, qui concernent l'intérêt personnel, ne sont pas à proprement parler morales ; elles n'en sont pas moins nécessaires – par exemple pour ne pas traverser la rue sans regarder. Bref, pas besoin d'être moral pour être végétalien*.

« ... mais ça ne dépend pas de moi »

Être convaincu qu'on a besoin de manger des animaux est évidemment une stratégie d'atténuation de la dissonance cognitive. Elle s'appuie sur le principe « devoir implique pouvoir » : il ne peut exister de devoir d'être végane, si ce devoir est impossible à suivre. Autrement dit, si c'est dangereux pour la santé, il paraît difficile de faire du végétalisme un

---

* C'est d'ailleurs ce qui distingue le végétalisme du véganisme, comme mouvement politique et moral.

devoir moral*. Or, en se persuadant qu'on n'a pas le choix, on nie sa liberté d'action – ou on réduit le nombre d'options perçues – et on s'autorise ainsi une forme de désengagement moral.

De façon plus générale, je ne mérite pas d'être blâmé pour les conséquences d'un acte si « ça ne dépend pas de moi ». Le célèbre psychologue américain et père de la théorie du désengagement moral[†], Albert Bandura, voit dans le déplacement ou la diffusion des responsabilités un puissant mécanisme qui opère « en occultant ou en minimisant le rôle de l'agent dans le mal qui a été causé[27] ». Cette occultation prend plusieurs formes. On peut, par exemple, se dire que la viande qu'on achète provient d'un animal qui est déjà mort ; il n'y a plus rien à faire pour lui ; autant « honorer » son cadavre en le cuisinant correctement.

Du côté des producteurs, on peut invoquer la loi de l'offre et de la demande. On ne vend pas du foie gras, de la fourrure ou des yogourts par sadisme, mais pour répondre aux désirs des

---

* C'est pourquoi, on pourrait parfaitement soutenir que, lorsqu'on n'a effectivement pas le choix, il serait végane de manger le corps d'un animal, tout comme il existe des circonstances où il est moralement acceptable de tuer un humain (en situation de légitime défense, par exemple). Ces circonstances sont toutefois extrêmement rares.

† Cette théorie soutient plus précisément que le processus d'auto-régulation du comportement moral peut être neutralisé afin d'atténuer une éventuelle dissonance cognitive et permettre ainsi à une personne d'accomplir des actes qu'elle jugerait habituellement inhumain. Ainsi, dans la fameuse expérience de Stanley Milgram, les gens envoient des électrochocs à une victime innocente parce qu'étant soumis à une autorité, « cela ne dépend pas d'eux ».

consommateurs. Dès lors, si tout le monde est coupable, alors personne ne l'est vraiment. La responsabilité morale est soluble dans la division du travail et l'économie de marché.

C'est aussi ce qu'a pu constater une équipe de chercheurs portugais[28]. Après avoir présenté des arguments contre la diète carnée à des omnivores, ils ont scrupuleusement consigné les contre-arguments qui émanaient de différents *focus groups* : sur l'environnement, le bien-être animal et la santé publique.

Ils ont ainsi pu repérer différents mécanismes de désengagement moral : reconstruire le comportement problématique (« c'est dans notre nature/culture de manger de la viande »), relativiser les mauvaises conséquences (« il ne faut pas oublier l'envers de la médaille ») ou, encore, le pur et simple évitement (« je préfère ne pas y penser »).

Dans l'étude portugaise, l'occultation de la responsabilité personnelle se manifeste de deux manières : 1) les participants blâment l'élevage industriel, mais pas la consommation de masse ; 2) ils minimisent le rôle des acteurs en renvoyant à d'autres entités : c'est surtout une affaire d'experts (biologistes, vétérinaires, agences gouvernementales) ou bien une question d'ordre juridique qui dépasse les simples citoyens.

Certaines personnes se dédouanent ainsi en suggérant qu'elles boycottent déjà le système. Elles n'achètent pas de viande en supermarché, mais au petit boucher du coin de la rue. L'effet de halo de la viande bio* et le charme discret de la «viande heureuse» viennent alors consolider ce qui, la plupart du temps, n'est autre qu'un aveuglement volontaire.

À défaut de boycotter l'élevage industriel, on peut se compter pour quantité négligeable. C'est l'alibi classique du «je ne mange qu'un tout petit peu de viande». Il s'agit encore une fois de se désengager en modifiant la perception de son propre comportement. Je n'ai pas à changer puisque je l'ai déjà fait; mes actions coïncident déjà avec mes valeurs. On a ainsi montré que des personnes qui s'apprêtent à voir un reportage sur le traitement des animaux sous-estiment leur consommation de viande[29].

Je me demande aussi parfois si l'ampleur du problème n'entraîne pas une sorte de sidération paralysante : du point de vue utilitariste, par exemple, les 60 milliards d'animaux terrestres et les 1 000 milliards de poissons tués chaque année par l'homme représentent une somme de souffrances inimaginable. Est-il simplement possible de se faire une idée de la quantité de stress, de privation et d'agonie que cela constitue ?

«... mais les véganes sont sectaires»

Et puis quoi ? On ne va quand même pas devenir véganes ! On n'est pas des extrémistes. Il faut savoir se garder des positions radicales – et manger un peu de tout. Les avez-vous bien regardés ? Avec

---

* Voir le chapitre 1 (p. 39-47) pour la «viande heureuse» et le chapitre 2 (p. 96) pour l'effet de halo de la viande bio.

leur fausse viande et leur fourrure en pétrole, ce sont au mieux de doux naïfs orthorexiques, au pire des moralistes rabat-joie et des ennemis du genre humain. Oui, les véganes sont sectaires. Ce n'est pas une bande de hippies, de hipsters ou de bobos qui vont nous dicter quoi manger. Ils n'aiment pas le bacon? Qu'ils broutent de la luzerne!

La végéphobie consiste à tirer sur le messager pour rendre le message inaudible*. C'est l'argument *ad hominem* érigé en défense du statu quo. C'est l'attitude de l'omnivore cherchant à dénigrer ou à ridiculiser les véganes ou les végétariens – surtout si ces derniers le sont pour des raisons morales. Elle peut conduire à des discriminations.

La végéphobie tient à la fois du déni et de la peur: le déni de reconnaissance des végés et la peur d'être confronté à sa propre conscience morale. Pour la philosophe Carol J. Adams, c'est précisément un effet de la dissonance cognitive: «beaucoup de gens trouvent les végétariens menaçants parce qu'une part d'eux-mêmes voudrait éviter la chair des animaux pour plusieurs raisons, mais une autre part ne veut pas arrêter de manger de la viande[30]».

S'inspirant des travaux de Michel Foucault sur l'analyse des discours, deux sociologues ont étudié la manière dont les médias britanniques présentaient les véganes. Après avoir codé tous les articles

---

* La plaquette *La végéphobie ou le rejet du végétarisme pour les animaux et la discrimination des personnes végétariennes* développe le concept et propose de nombreux témoignages (www.vegmundo.com/wp-content/uploads/2011/07/la_vegephobie.pdf).

mentionnant le véganisme en 2007 au Royaume-Uni, ils ont constaté que 5 % le présentaient positivement, 20 % de façon neutre et 75 % négativement.

Dans cette dernière catégorie, le véganisme est souvent tourné en ridicule, décrit comme un ascétisme, une diète difficile, voire impossible à suivre ou comme une mode passagère. Les véganes, quant à eux, sont trop sensibles ou carrément hostiles. Mais comment les sociologues expliquent-ils l'appel constant à la figure de l'ascétisme? Celui-ci «permet de rassurer les lecteurs omnivores sur la normalité de leur choix éthique et, par association, sur la normalité de leur personne en contraste avec l'incongruité des véganes[31] ».

«Hum! le bon steak saignant, t'en veux pas, t'es sûr?» La végéphobie ne se cantonne pas aux médias. Dans leur vie quotidienne, de nombreuses personnes souffrent d'un rejet plus ou moins subtil en raison de leur engagement pour les animaux. «On les traite d'hypocrites s'ils portent du cuir, remarque la psychologue Melanie Joy, et de puristes ou d'extrémistes s'ils n'en portent pas[32].» Des auteures de bandes dessinées comme Veggie Poulette ou Insolente Veggie présentent admirablement ces petites humiliations ordinaires que doivent souvent subir les végés.

J'aime beaucoup un dessin d'Émilie Plateau. On y voit deux hommes qui discutent devant un charriot, au supermarché. Tandis que le premier, un végé, propose d'apporter un steak de soja pour le barbecue parce que «ça a la même consistance qu'un steak normal», l'autre lui répond: «Je ne vois pas pourquoi on invente des substituts si au final le goût est le même.» La végéphobie ou l'art de nier la question morale.

Si le concept est récent, le comportement végéphobe, lui, n'est pas nouveau. Dans son livre *Le végétarisme et ses ennemis. Vingt-cinq siècles de débats*, Renan Larue montre bien comment, dès l'Antiquité grecque, se développe tout un discours qui cherche à dénigrer ceux qui s'abstiennent de viande. Ainsi, vers 340 av. J.-C., Héraclide du Pont, un disciple de Platon, écrit un traité pour condamner le végétarisme des pythagoriciens. Assimiler les végés à des intégristes religieux est une stratégie qui a fait ses preuves. «En taxant les véganes de sectarisme, remarque judicieusement Renan Larue, on voudrait que les restrictions alimentaires qu'ils s'imposent dans un contexte laïque soient de même nature que les distinctions arbitraires opérées ailleurs ou jadis entre le pur et l'impur.» Il s'agit par là «de réduire les éthiques animales et environnementales à des démarches ascétiques ou mystiques, c'est-à-dire irrationnelles et vaines[33]».

Selon une étude américaine, près de la moitié des omnivores associeraient les végétariens à des termes négatifs (bizarres, extrémistes, rigides, moralisateurs). Mais que se passe-t-il lorsqu'on demande aux omnivores de considérer préalablement ce qu'un végétarien pense d'un consommateur de viande?

Les jugements négatifs sur l'ensemble des végétariens augmentent significativement. Ainsi, le dénigrement des végétariens s'expliquerait largement par «la menace d'un reproche moral anticipé[34]». Le végéphobe n'a pas peur du végétarisme;

il a peur d'être jugé. S'il en veut au végétarien, c'est parce que celui-ci lui donne une piqûre de rappel de sa dissonance cognitive*. Sans même ouvrir la bouche, le végétarien force l'omnivore à admettre que consommer des animaux est un choix.

On peut lutter contre la végéphobie. Dans le sillage de ces réactions à l'homophobie que sont les *Gay Prides,* on assiste aujourd'hui à l'émergence de *Veggie Prides* (Paris, Toronto, New York, Chicago, Genève) en réponse à la végéphobie. Lors de la première *Veggie Pride* de l'histoire, qui a eu lieu à Paris en 2001, on pouvait lire un tract : « Le végétarisme met en cause la légitimité de la claustration et de la tuerie de milliards d'animaux. Par sa simple existence, il rompt l'omerta. Telle est la raison des rires et de la haine végéphobes. [...] Se soucier des poules et des vaches est, paraît-il, ridicule. Le ridicule réprime sans arguments les idées qui dérangent[35]. »

Les participants à ces manifestations réclament « le droit de manger correctement dans les cantines, au travail comme à l'école ou dans toute collectivité ». Ils veulent aussi pouvoir élever leurs enfants sans leur imposer les produits de l'abattoir et que leurs impôts ne servent pas à subventionner

---

* De son côté, Hank Rothgerber a montré que les omnivores éprouveront moins de dissonance s'ils sont confrontés à un « imposteur », c'est-à-dire à quelqu'un qui se proclame végétarien sans l'être, ou à un végétarien qui l'est devenu à cause d'allergies alimentaires. Être confronté à un végane plutôt qu'à un végétarien augmente en revanche la dissonance. Voir Hank Rothgerber, « Efforts to Overcome Vegetarian-Induced Dissonance Among Meat Eaters », *Appetite,* vol. 79, p. 32-41.

l'élevage. Ils veulent enfin être reconnus et avoir une place dans le débat public.

La végéphobie n'est pas seulement une manière d'atténuer la dissonance cognitive; elle est aussi une forme de « myopie morale ». Par son comportement, le végéphobe démontre qu'il ne voit pas ce qui importe (sa perception morale est défaillante). Il manque de sensibilité envers une autre personne – qui se trouve être végétarienne, végétalienne ou végane. Même s'il ne s'en rend pas toujours compte, il dénigre ses valeurs; il attaque ce qui compte à ses yeux; il ignore une part importante de son identité personnelle.

Bien sûr, la végéphobie peut paraître dérisoire : quelle violence infime au regard de l'ampleur de la souffrance animale! Mais cela ne la rend pas pour autant acceptable. D'ailleurs, la végéphobie a des conséquences indirectes sur la vie des animaux. Certains végétariens, souvent les plus isolés, finissent par se résigner et par rentrer dans le rang afin d'être mieux acceptés par leur entourage[36]. Surtout, la végéphobie augmente considérablement le coût social d'une transition vers un régime alimentaire plus respectueux des animaux.

Qu'elle soit lourde ou subtile, la végéphobie va bien au-delà d'une innocente moquerie. Elle impose une norme dominante qui méprise et marginalise certains individus. Il faut la combattre. Et de même qu'il n'est pas nécessaire d'être lesbienne ou gay pour lutter contre l'homophobie, il n'est pas nécessaire d'être végane ou végétarien pour dénoncer la végéphobie. Tout un chacun devrait être un allié bienveillant.

« ... mais il y a des problèmes plus graves »

On peut aussi botter en touche. Il s'agit d'appeler en renfort certaines croyances morales – qui, dans le cadre de la dissonance cognitive, feront office de cognitions consonantes. Ainsi, les gens réagissent souvent aux arguments pro-véganes en soulignant qu'il existe des problèmes plus graves que la souffrance animale. Dans le monde, tous les jours des enfants meurent de la pauvreté et des femmes sont battues.

Ce genre de faux dilemmes (puisqu'on peut évidemment se soucier de la souffrance animale *et* humaine) vise à conforter celui qui le pose dans son statut d'agent moral. Il met ses priorités au bon endroit : les femmes et les enfants d'abord, et loin devant les vaches et les cochons. Pourtant, comme on le verra dans le prochain chapitre, les véganes sont habituellement très sensibles aux souffrances des humains. Il n'y pas lieu de jouer le jeu de la concurrence victimaire.

Il ne s'agit là que d'un exemple parmi d'autres. Depuis le « ça coûte trop cher d'être végane* » jusqu'au « mais ce n'est pas un individu qui va changer le système », il existe toute une panoplie de croyances plus ou moins élaborées que les gens mobilisent pour tenter d'accorder leur respect des animaux et leur désir d'en manger. Certains esprits facétieux en ont même fait un jeu, le « Bingo de l'omnivore ». Il faut dire qu'on peut vite se lasser d'entendre à longueur de « débats » les mêmes « arguments ».

---

* C'est plutôt le contraire qui est vrai, comme le développe le courant du véganisme économique.

Le plus commun est sans doute l'affirmation selon laquelle « les plantes aussi sont sensibles » : c'est le fameux cri de la carotte dont le caractère drolatique disparaît après quelques occurrences. Comme le rappelle le jeune chercheur en philosophie Frédéric Côté-Boudreau, il ne faut pas confondre la capacité des plantes comme êtres vivants à réagir à leur environnement et la « sentience ». Contrairement aux animaux, et jusqu'à preuve du contraire, les plantes n'ont pas d'expérience subjective du monde, elles ne l'éprouvent pas. Elles ne possèdent donc pas d'intérêts à proprement parler – dont celui à ne pas souffrir.

Les découvertes récentes sur leur capacité à communiquer – via des messagers chimiques – ne signifient pas que les plantes peuvent souffrir. Notre système immunitaire, par exemple, communique lui aussi avec nos différents organes ; cela n'implique pas qu'il soit sentient et qu'il ait des intérêts propres. En définitive, pour Frédéric Côté-Boudreau, l'argument de la souffrance des plantes vise à « animaliser les plantes pour mieux subordonner les animaux[*] ».

------

[*] Voir l'article « Éthique végétale » sur le site coteboudreau. com. Frédéric Côté-Boudreau rappelle aussi que dans la situation improbable où les plantes seraient sentientes, puisque les animaux consomment eux-mêmes beaucoup de plantes, le véganisme demeurerait requis pour minimiser le tort commis envers ces nouveaux venus dans le cercle de la moralité. Nous devrions également reconnaître que nous avons des devoirs moraux envers ces plantes sentientes. Et pour en savoir plus sur « l'intelligence des plantes », on peut regarder la conférence TED du botaniste italien Stefano Mancuso : www.ted.com/talks/stefano_mancuso_the_roots_of_plant_ intelligence?language=fr.

Dire qu'il y a des problèmes plus graves (comme la souffrance des plantes!), c'est comparer la souffrance animale à d'autres maux afin d'en relativiser l'importance. On peut aussi appeler le relativisme moral à la rescousse. Il s'agit de soutenir que le bien et le mal n'existent pas en eux-mêmes, mais qu'ils sont relatifs aux individus ou aux groupes. Il s'ensuit que la souffrance et les intérêts des animaux ne méritent pas d'être considérés parce que nous ne possédons pas de critère universel pour distinguer le bien du mal.

Platon l'avait déjà remarqué, le relativiste moral est rarement conséquent avec ses prémisses. Il reconnaît assez vite que certaines actions sont meilleures que d'autres et qu'il vaut la peine d'argumenter lorsqu'on est face à un dilemme moral. D'ailleurs, celui qui justifie sa consommation carnée à l'aide du relativisme moral suit souvent un double standard : il ne doute pas une seconde qu'il serait mal de mettre bébé dans le micro-ondes.

Je crois aussi qu'il existe une propension assez française à ne pas prendre au sérieux les questions morales*. J'ai souvent été frappé de voir des intellectuels français afficher une sorte de mépris pour « la morale ». Ils la considèrent sans doute, dans une certaine tradition marxiste, comme une superstructure qui masquerait la réalité politique,

---

* Un sondage PewGlobal indique d'ailleurs que les Français sont presque toujours en tête lorsqu'il s'agit de considérer qu'un enjeu donné « n'est pas un problème moral ». Ainsi, alors que 14 % pensent que se faire avorter est moralement inacceptable et 38 % que c'est moralement acceptable, ils sont 47 % à ne pas y voir une question morale. Voir www.pewglobal.org/2014/04/15/global-morality/table/abortion.

économique et sociale. L'appel à des valeurs morales est alors reçu avec un sourire en coin et l'air entendu de celui qui connaît le sens de l'Histoire (mais pas la métaéthique).

« ... mais on pourrait avoir du lait et des œufs sans souffrance »

Certaines pensées consonantes sont plus subtiles que d'autres. Elles peuvent, en tout cas, mystifier les meilleurs esprits. Ainsi, Stevan Harnad, le fondateur du journal *Brain and Behavioral Sciences* et titulaire de la Chaire de recherche du Canada en sciences cognitives n'hésite pas à avouer en entrevue qu'il a « honte d'avoir été végétarien pendant cinquante ans[37] ». Si le professeur Harnad a honte, ce n'est pas d'être végétarien depuis l'âge de 17 ans, c'est plutôt de ne pas être devenu végane plus tôt. Mais qu'est-ce qui explique que, durant cinquante ans, il ait consommé des œufs et des produits laitiers alors qu'il ne mangeait plus de viande pour des raisons morales? Sa réponse, entendue lors d'une conférence, m'avait rappelé une stratégie familière.

Lorsqu'il était végétarien, Stevan Harnad considérait qu'il était moins grave de consommer du lait ou des œufs que de la viande, parce qu'*en théorie* la production de ces denrées pourrait n'impliquer aucun préjudice. Ce n'est évidemment pas le cas pour la viande qui suppose qu'un animal soit tué. En revanche, il existe effectivement un monde possible dans lequel le lait n'est pas « volé » à un veau et où les vaches vivent en liberté et meurent au terme d'une vie épanouie.

Mais ce monde-là n'est pas le nôtre. Comme le dit Gary Francione, il y a de nos jours autant de souffrance dans un verre de lait que dans un steak saignant. L'erreur consiste donc à vouloir appliquer ici et maintenant une règle qui n'a de pertinence morale que dans un monde utopique ou théorique. Pour dire la vérité, je me suis, moi aussi, déjà adonné à ce type de raisonnement fallacieux*. Il m'est arrivé de « justifier » des écarts à mon véganisme parce que le produit animal que je consommais n'impliquait pas *nécessairement* de la souffrance (c'est-à-dire dans tous les mondes possibles et imaginables).

Évidemment, ce n'est pas parce qu'une chose *pourrait* être moralement meilleure ou pire que cela devrait changer quoi que soit à notre évaluation morale de la réalité. Mais l'esprit humain est malheureusement facilement biaisé par des « comparaisons contrefactuelles », c'est-à-dire par des comparaisons avec des situations équivalentes dans des mondes possibles. C'est notamment ce que nous apprend la psychologie des contrefactuels.

Ainsi, après le scandale des prisonniers irakiens torturés à la prison d'Abou Ghraïb en 2004, des chercheurs se sont demandé quelle influence avait l'argument d'un sénateur qui, voulant sauver l'honneur de l'armée américaine, avait plaidé

---

* Le raisonnement est fallacieux parce qu'il consiste à déduire d'une simple possibilité contrefactuelle (on peut imaginer un monde où le lait ne causerait aucune souffrance) une permission morale valable non seulement dans ce monde possible, mais aussi dans le monde réel (... donc, il est moralement acceptable de consommer du lait qui a causé de la souffrance).

que « cela aurait été pire sous Saddam[38] ». Ils ont alors élaboré une expérience. Certains participants devaient évaluer les exactions américaines tandis qu'on les amenait à les comparer avec les exactions que les soldats de Saddam *auraient pu* commettre. Ces participants ont moins incriminé les soldats américains que le groupe témoin à qui aucune comparaison n'était suggérée. Chez d'autres participants, on induisait au contraire une comparaison avec le traitement que des militaires danois auraient pu prodiguer aux prisonniers d'Abou Ghraïb. Ceux-ci ont davantage blâmé les soldats américains que le groupe témoin (et, a fortiori, que le groupe « cela aurait été pire sous Saddam »). Bref, notre évaluation morale d'une situation peut être biaisée par une comparaison contrefactuelle (vers le mieux ou vers le pire)*. Comparaison n'est pas raison.

Aujourd'hui, le professeur Harnad a rejoint le mouvement végane et rappelle à qui veut bien l'entendre la triste réalité : « On fabrique pour plaire à nos papilles gustatives des quantités faramineuses d'êtres souffrants. Beaucoup plus que jamais. Ce taux de croissance excède le taux de croissance de nos réformes[39]. »

« ... mais on a toujours exploité les animaux »

La dernière stratégie que je voudrais examiner est l'argument de la tradition. Parce que nos ancêtres

---

* Pour plus de détail sur cette expérience et les mécanismes cognitifs en jeu, voir le cinquième chapitre de mon livre *L'imagination en morale* (Paris, Hermann, 2014).

ont consommé de la viande et exploité les animaux, nous devrions continuer à le faire. La comparaison n'est plus contrefactuelle, mais « préfactuelle », c'est-à-dire avec le passé.

D'abord, on peut voir que le respect de la tradition est rarement l'explication principale d'un comportement. Le chasseur ou l'amateur de corrida ne vont pas seulement à la chasse ou dans les gradins pour respecter la tradition. Ils y vont d'abord parce qu'ils aiment ça et parce qu'ils aiment partager ce plaisir avec d'autres.

Ensuite, il faut rappeler que, d'un point de vue moral, toutes les traditions sont loin d'être désirables. C'est ce que rappelle Jean-Baptiste Jeangène Vilmer dans son article « Les sophismes de la corrida » : « Tous les progrès sociaux ont eu lieu contre les traditions, de l'abolition de l'esclavage au droit de vote des femmes. La tradition en elle-même explique, mais ne justifie rien[40]. »

Autrement dit, la tradition de l'exploitation des animaux n'est pas plus une raison morale de continuer à le faire que la tradition de l'oppression des femmes ne justifierait leur oppression actuelle. Il ne suffit pas qu'une pratique soit ancienne pour être moralement acceptable. Quand on y pense, en quoi le fait que nos ancêtres portaient de la fourrure, mangeaient du foie gras ou appréciaient certains spectacles rend-il ces pratiques moins mauvaises ? Qu'est-ce que cela change pour le vison qu'on écorche, pour le canard qu'on gave ou pour le taureau qu'on embroche ? Tradition n'est pas raison.

Enfin, ce n'est pas parce que notre consommation de viande est condamnable que celle de nos ancêtres l'était tout autant. En réalité, l'élevage intensif n'existant pas, ceux-ci causaient assurément moins de souffrance que nous. Surtout, ils n'avaient guère d'alternative pour trouver certains nutriments. Ils n'avaient pas non plus l'accès à l'information que nous avons. Une évaluation éthique soucieuse du contexte conclurait sans doute que nos arrières-grands-parents sont moins condamnables que nous ne le sommes envers les animaux. On ne peut pas juger un colon de la Nouvelle-France comme un Québécois du XXIe siècle.

L'appel à la tradition peut faire penser à ce que les psychologues nomment le conservatisme ou l'«aversion au changement». Cette tendance bien documentée de la psyché humaine explique différents phénomènes économiques et sociaux[41]. C'est notamment elle qui est derrière le *biais du statu quo*: l'angoisse d'avoir à regretter un changement et l'aversion à la perte nous incitent à maintenir les choses en l'état.

C'est cette tendance qui est mise à profit par les entreprises qui offrent un abonnement gratuit pour six mois, assorti d'un réabonnement automatique. Qu'il s'agisse d'un magazine ou d'une salle de gym, l'idée de base, c'est que le client ne se désabonnera pas, même s'il n'utilise que très peu le service: parce qu'il aura tendance à préférer le statu quo.

Nous trouvons aussi que les vieilles recettes ont meilleur goût. Ainsi, lorsqu'on demande à des gens d'évaluer une boisson à l'aveugle, ils préféreront celle qui est vendue « depuis 1903 » à celle qui ne l'est que « depuis 2003 » (alors qu'il s'agit évidemment de la même boisson)[42]. On a même constaté des phénomènes similaires chez les grands singes : ils refusent des échanges de nourritures qui seraient pourtant à leur avantage[43]. L'appel du ventre est souvent conservateur.

De son côté, l'appel à la tradition n'est pas bien loin de l'« appel à la nature ». Nous serions naturellement carnivores et destinés à régner tout en haut de la chaîne alimentaire. Il serait acceptable de manger des animaux parce que ce serait naturel – même si ces animaux sont dénaturés par un long processus de domestication. D'ailleurs, nous avons des canines*.

Comme dans le cas de l'appel à la tradition, l'argument n'est pas recevable. En effet, on ne peut passer directement de la prémisse « il est naturel de manger des animaux » à la conclusion « il est moralement acceptable de manger des animaux ». On ne peut déduire ce qui devrait être (le normatif) de ce qui est (le descriptif). Ce serait commettre un sophisme naturaliste.

Pour conclure qu'« il est moralement acceptable de manger des animaux », il convient donc d'ajouter une prémisse normative du type « tout ce qui est naturel est moralement acceptable ». Mais cela est-il vraisemblable ? La simple existence des

---

* En réalité, l'homme est omnivore, c'est-à-dire qu'il peut manger de tout. De toute façon, le fait qu'il soit « naturellement » herbivore, omnivore ou carnivore n'a pas d'importance d'un point de vue moral en vertu de la distinction entre faits et normes.

maladies nous rappelle qu'une chose peut tout à fait être naturelle et ne pas être moralement souhaitable.

Il faut aussi dire que les traditions culinaires sont propices au conservatisme. Il n'est pas rare que des immigrés continuent à s'alimenter comme dans leur pays d'origine bien des années après leur arrivée dans le pays d'accueil. Enfants, nous mangeons ce que nous préparent les adultes; adultes, nous éprouvons de la nostalgie pour ce que nous mangions enfants. Changer ses habitudes alimentaires, c'est un peu renier son histoire personnelle; c'est en tout cas ébranler son identité.

Le romancier Jonathan Safran Foer raconte très bien les atermoiements de l'identité personnelle dans sa transition vers le végétarisme. Ne pas donner de dinde à son fils, n'est-ce pas trahir sa grand-mère? Et que dire aux amis qui vous invitent dans un restaurant sans options végés? «Si ma femme et moi imposons à notre fils un régime végétarien, il ne mangera pas le plat unique de son arrière-grand-mère, il ne recevra jamais l'expression unique et directe de son amour, ne songera peut-être jamais à elle en tant que Plus Grande Cuisinière De Tous Les Temps. L'histoire de ma grand-mère, l'histoire primordiale de notre famille devra changer[44].»

Le conservatisme est parfois légitime. On peut ainsi regretter qu'une langue, une recette, un rythme ou une mélodie ne tombe dans l'oubli. On invoque souvent la notion de patrimoine immatériel pour désigner cette valeur morale particulière que l'on attribue à un témoignage du passé ou à un savoir-faire encore vivant.

En 2010, « le repas gastronomique des Français » est devenu patrimoine immatériel de l'humanité. Il y accompagne la dentelle au point d'Alençon et les fest-noz bretons, mais aussi la cuisine mexicaine, le régime méditerranéen et les pains d'épice de Croatie du Nord. Ce repas gastronomique est décrit par l'Unesco comme comportant un apéritif, une entrée, un plat de poisson ou de viande accompagné de légumes, suivis de fromage, dessert et digestif.

Prôner le véganisme, c'est donc espérer que ce patrimoine ne soit plus vivant. Peut-on imaginer que les Français préservent une spécificité gastronomique tout en devenant véganes ? Sans doute. Mais force est d'admettre que leurs repas ne correspondront plus à la définition de l'Unesco. Il ne fait par ailleurs guère de doute que beaucoup de personnes sont attachées à la gastronomie – comme d'autres le sont à « l'art » de la corrida ou de la chasse à courre.

On peut effectivement apprécier la valeur d'une recette de cuisine ou le tour de main d'un charcutier. Il ne sera d'ailleurs pas forcément évident de débrouiller ce qui, dans cette valorisation, relève de la moralité, de l'esthétique (valeur gustative) et de la connaissance (valeur épistémique). Quoi qu'il en soit, quel est le poids relatif de cette valeur patrimoniale ? Comment la comparer à la valeur de la vie des animaux utilisés pour la recette ou le tour de main du charcutier ? Il est difficile de répondre à cette question, car on semble être face à deux ordres très différents.

Toutefois, pour peu qu'on prenne minimalement au sérieux la souffrance animale, il paraît hardi de justifier la mort du cochon par le fait que cela permet au charcutier de conserver son tour de main. Transposons ce choix dans un cadre humain. Quelle serait la force d'un argument pour la peine de mort qui soutiendrait qu'il faut la maintenir par respect pour le savoir-faire des bourreaux? Assurément, ça ne pèserait pas bien lourd dans la délibération.

Un dernier biais cognitif contribue peut-être à expliquer notre résistance aux changements motivés moralement. C'est *l'hypothèse selon laquelle le monde est juste.* Selon la théorie de « la croyance en un monde juste » du psychologue américain Melvin Lerner, « les gens ont besoin de croire que leur environnement est un lieu juste et ordonné où les gens ont ce qu'ils méritent[45] ». Les films hollywoodiens, les religions du salut et les dessins animés renforcent insidieusement cette croyance. Le destin sourit aux gentils.

L'hypothèse du monde juste expliquerait notamment le phénomène qui consiste à blâmer les victimes : la fille violée a provoqué son agresseur et les sans-abri ne sont que des feignants. Pourquoi? Parce que si le monde est juste, c'est que les personnes qui souffrent sont en quelque sorte « mauvaises ». Elles ont ce qu'elles méritent.

Dès lors, si une sorte de « justice immanente » règne sur notre monde, pourquoi chercher à le changer? On voit bien comment l'hypothèse voulant que le monde soit juste renforce le conservatisme moral[46]. Je ne serais pas non plus surpris qu'elle soit derrière l'idée que les animaux d'élevage sont des victimes qui méritent leur sort. Dans le fond, c'est leur destin : ils sont *faits* pour être mangés.

Il existe sans doute bien d'autres voies pour expliquer notre attachement à la tradition et notre résistance au changement. Je ne voudrais pas oublier de mentionner pour finir la faiblesse de la volonté et la procrastination. En effet, ce n'est pas parce que nous voulons sincèrement un changement que nous allons mettre nos résolutions en œuvre. Tout comme on peut vouloir arrêter de fumer sans y parvenir, on peut être convaincu par les arguments véganes sans être capable de s'y mettre*.

Êtes-vous carnistes ?

Je dois beaucoup au travail de Melanie Joy. Cette psychologue formée à Harvard m'a permis de faire le lien entre mon intérêt personnel pour l'éthique animale et mon intérêt professionnel pour la psychologie morale[47]. Melanie Joy fait partie d'une nouvelle génération de militantes et de militants pour la cause animale : la bataille des arguments étant à peu près gagnée (voir le chapitre 1), il s'agit aujourd'hui davantage de diffuser le véganisme et de lutter contre toutes les oppressions.

---

* Sur son blogue, Frédéric Côté-Boudreau parle de la transition et propose « sept façons de devenir végétalien », (http://coteboudreau.com/2013/11/01/sept-facons-devenir-vegetalien/).

La thèse centrale de Melanie Joy, c'est que notre perception des animaux serait largement déformée par un puissant appareil idéologique qu'elle appelle le «carnisme». Ce système de croyances nous conditionne à trouver normal, naturel et nécessaire de manger des produits animaux. C'est une idéologie dans laquelle nous grandissons sans même nous en rendre compte. Voici un exemple télévisuel qui illustre parfaitement la chose.

Avec leurs gags simples, sans paroles et compréhensibles dans le monde entier, les vidéos du type «Juste pour rire» ou «Surprise sur prise» sont un bel exemple de la culture mondialisée – les compagnies aériennes qui les projettent régulièrement entre deux films ne s'y trompent pas. Le moins que l'on puisse dire, c'est que ces émissions tournées en caméra cachée surprennent rarement par leur caractère subversif. Il y a au moins une exception.

La scène se déroule dans la rue, dans une grande ville occidentale. Un comédien portant toque et tablier propose aux passants de goûter gratuitement une nouvelle sorte de hot-dog. Après une ou deux bouchées, le comédien/dégustateur montre au consommateur l'origine de sa viande : il leur présente l'image d'un chien. Les rires en boîte soulignent alors le visage dégoûté du passant qui s'empresse de recracher la saucisse qu'il a encore dans la bouche.

Si cette vidéo est subversive (probablement à l'insu de ses auteurs), c'est parce qu'elle met directement le doigt sur les incohérences du carnisme. Pourquoi mangeons-nous de la saucisse de porc, mais pas de chien? L'un et l'autre sont des mammifères sociaux, parfaitement capables d'éprouver des émotions, du plaisir et de la douleur. Le livre de Melanie Joy, *Why We Love Dogs, Eat Pigs and Wear Cows** («pourquoi nous aimons les chiens, mangeons des porcs et portons des vaches ») montre, lui aussi, ce qu'il y a de moralement arbitraire à considérer certains animaux comme de fidèles compagnons ou de nobles représentants de la nature sauvage, tandis que d'autres ne sont perçus qu'à l'aune de leur apport en protéines.

Que le carnisme est arbitraire, c'est aussi ce que suggère la diversité des pratiques alimentaires. Le domaine du comestible est largement culturel : les Coréens mangent du chien, tandis que les Indiens ne voient pas les vaches comme des steaks. Les Occidentaux, quant à eux, ont sélectionné une douzaine d'espèces parmi les milliers disponibles – principalement des herbivores – qu'ils élèvent et consomment sur une base régulière.

Si nos habitudes culturelles expliquent que nous mangeons du porc et non du chien, cela ne le justifie pas. La justification suppose des valeurs, une idéologie. À ce titre, le carnisme apparaît comme l'envers du véganisme. L'un et l'autre sont des idéologies, c'est-à-dire des ensembles de croyances qui font système et légitiment un comportement. Mais il y a au moins deux différences fondamentales. D'une part, contrairement au véganisme, le carnisme est une idéologie *invisible* : personne ne

---

* Estiva Reus en a traduit de larges extraits en français : Estiva Reus, «Melanie Joy – Carnisme», *Cahiers antispécistes*, n° 33, novembre 2010, p. 15-28. Le livre sera bientôt disponible en français aux éditions L'Âge d'Homme.

se revendique carniste. Melanie Joy a d'ailleurs eu besoin d'un néologisme pour nommer l'idéologie de celui qui choisit le burger de bœuf plutôt que le végéburger.

Le carnisme est à cet égard comparable au patriarcat. La croyance qu'il est normal et naturel de subordonner les femmes est longtemps passée inaperçue (y compris pour les meilleurs philosophes). C'était l'inamovible dogme patriarcal, invisible et tout-puissant; et tout-puissant parce qu'invisible. Les mouvements féministes ont toutefois montré qu'il n'était pas éternel.

Le carnisme s'oppose au véganisme d'une seconde manière. Tout comme le patriarcat, cette idéologie invisible est *violente*. « Le carnisme contemporain, note Melanie Joy, s'organise autour d'une vaste violence. Ce niveau de violence est nécessaire afin d'abattre suffisamment d'animaux pour que l'industrie de la viande puisse maintenir ses marges actuelles de profit. La violence du carnisme est telle, que la plupart des gens ne veulent pas la voir, et ceux qui osent la regarder en face sont sérieusement ébranlés[48]. »

Pour Melanie Joy, le carnisme opère principalement par occultation: personne ne parle des milliards d'animaux victimes des humains. Personne ne veut faire le lien entre le steak et les abattoirs. Le carnisme objectifie: les animaux sont des choses. Il désindividualise: les animaux sont des abstractions. Il dissocie: les animaux de compagnie d'un côté et ceux d'élevage de l'autre.

Le carnisme s'immisce jusque dans la langue. On ne mange pas *un* poulet, mais *du* poulet. Pour les zootechniciens, les animaux ne ressentent pas de la douleur, mais ont une réaction « nociceptive ». Partout, on tisse des euphémismes pour rendre la réalité plus digeste. On « euthanasie » les animaux de laboratoire après usage et les vaches qui donnent moins de lait sont « réformées ». Qui oserait dire qu'un cochon est *quelqu'un* plutôt que *quelque chose* ?

Techniquement, le carnisme est une sous-catégorie du spécisme (tout comme l'antisémitisme est une sous-catégorie du racisme). C'est le spécisme appliqué à nos habitudes de consommation. Mais si le spécisme est un concept philosophique, le carnisme est davantage un concept psychologique ou sociologique. De ce point de vue, le carnisme est au spécisme ce que le machisme est au sexisme : un ensemble d'attitudes, une façon de se comporter, une idéologie incarnée.

Lorsqu'il est débusqué, le carnisme contre-attaque. Il déploie alors ce que Joy nomme ses « défenses secondaires ». Celles-ci consistent en diverses justifications, qui correspondent habituellement aux pensées consonantes que j'ai examinées dans ce chapitre. Toutefois, dans un article publié après son livre[49], Joy mentionne une nouvelle famille de justifications. Elles visent à ce que l'omnivore consciencieux qui commence à se questionner n'abandonne pas pour autant le navire. Joy parle à leur propos de « néocarnisme ». Ainsi, le discours de la « viande heureuse » cherche à combiner la compassion envers les animaux et des habitudes carnistes.

De même, le discours « écocarniste » insiste sur les élevages locaux et durables tout en rajeunissant l'image des bouchers (hé, t'as vu ses tatouages tribaux ?). Il prône un retour à l'agriculture d'antan et un rapport « authentique » à l'animal (hé, j'ai vu l'éleveur tuer ce lapin devant moi). Le discours paléo, enfin, suggère contre toute évidence scientifique que la viande rouge que consommaient nos ancêtres du paléolithique est un idéal nutritionnel (hé, mon corps réclame de la viande, un point c'est tout).

En définitive, le carnisme est l'appareil idéologique qui a pour fonction d'étouffer la dissonance cognitive. C'est cette norme sociale dominante qui permet à chacun de ne pas remettre en cause la conviction que les animaux ne souffrent pas vraiment, et qu'en plus, ça ne dépend pas de nous. C'est aussi le carnisme qui donne au végéphobe l'assurance d'être du bon côté. C'est encore le carnisme qui claironne que nous avons besoin de protéines animales et que les véganes sont sectaires. Il existe des problèmes plus graves, on pourrait avoir du lait sans souffrance et en plus les animaux ont toujours été exploités. Assurément, le carnisme est source de réconfort.

Quant aux participants piégés par la caméra cachée, qu'on se rassure, ils n'ont pas été traumatisés. Après qu'ils eurent recraché leur « saucisse de chien », le comédien leur a montré la caméra, qui a pu filmer l'éclat de rire libérateur. On peut toutefois se demander si les fausses saucisses de chien étaient confectionnées avec de la vraie viande d'animal mort. L'exploitation animale, faut-il le rappeler, ce n'est malheureusement pas juste pour rire.

Voir son steak comme un animal mort

Si le concept de carnisme me semble intéressant, c'est parce qu'il permet de penser notre rapport aux animaux en termes de perception morale. En effet, comment résoudre un problème moral s'il n'est même pas identifié comme problème? Et combien de mauvaises décisions procèdent non de la bêtise ou de la méchanceté, mais de l'ignorance?

On peut dire que ma perception morale est adéquate lorsque je perçois ce qui est moralement pertinent[*]. Dès lors, si les intérêts des animaux importent sur le plan moral, on peut dire que celui qui ne voit pas seulement un steak comme un plat de résistance, mais aussi comme un animal mort, a une perception morale plus riche. Il perçoit une réalité qui, même si elle n'est pas saillante, devrait être prise en compte pour agir de façon juste.

Or, le moins que l'on puisse dire, c'est que le carnisme déforme notre perception morale. Il est l'écran idéologique qui dissimule la réalité de l'exploitation. Il fait en sorte que nos décisions se prennent et que nos actions s'accomplissent *comme si* la souffrance animale n'existait pas, *comme si* les animaux n'avaient pas une vie qui leur importe.

Autour de nous, le carnisme règne, triomphal. Tout conspire pour faire comme si de rien n'était. On ne montre pas les murs aveugles des abattoirs,

---

[*] Pour une analyse plus poussée, voir mon livre *L'imagination en morale*, op. cit.

mais des poulets qui picorent librement devant la ferme. Les articles de presse qui traitent d'élevage s'ornent d'illustrations champêtres, plus rarement de photos des usines à viande. Quant aux livres et aux émissions de cuisine, derrière l'apparente diversité de leurs recettes, c'est toujours le même message qu'ils passent en catimini : un vrai plat, comme un vrai repas, ça contient de l'animal mort. C'est comme ça. C'est normal.

Tout le monde met la main à la pâte. Les normes et les usages sociaux sont carnistes. Estiva Reus, des *Cahiers antipécistes,* rappelle que les lobbies français savent faire dans la pédagogie :

> C'est avec un budget généreusement grossi de subventions publiques, et avec l'aval du ministère de l'Éducation, que les équipes de formateurs du CIV (Centre d'information des viandes) pénètrent chaque année dans des centaines d'établissements scolaires et enseignent aux enfants le réflexe d'association entre « viande » et « protéines », tout comme le CNIEL (Centre national interprofessionnel de l'économie laitière) répand ses brochures diététiques martelant le caractère indispensable des produits laitiers pour satisfaire nos besoins en calcium[50].

Je me souviens, pour ma part, de la campagne télé « Mangeons du lait » qui emballait dans une joyeuse farandole de vrais enfants et des figures animées de petits-suisses, d'emmental et de crème glacée. Le slogan n'a pas quitté ma mémoire, ce qui démontre, s'il en était besoin, que les producteurs ont de la suite dans les idées : les produits laitiers sont nos amis pour la vie.

Plus généralement, la publicité entretient le désir, crée des besoins et rappelle les fondamentaux : il est naturel et nécessaire de mettre la viande, le beurre et les œufs à toutes les sauces. Dans son emballage de cellophane et sur son coussin absorbant, la poitrine de poulet ne doit surtout pas évoquer l'oiseau – c'est-à-dire l'individu qui n'a vu la lumière du jour que dans le camion qui roulait vers l'abattoir. On peut aussi compter sur l'aide des producteurs de lapins bretons : « pour séduire le consommateur, il faut "désanimaliser" le produit, c'est-à-dire casser le lien affectif qu'il peut y avoir avec l'animal en mettant bien en avant le produit fini[51] ».

La palme de la propagande carniste revient sans aucun doute à ce qu'on nomme la *suicide food**. De quoi s'agit-il ? D'enseignes de boucherie, de panneaux publicitaires ou d'emballages de charcutiers qui présentent les animaux comme... désirant être mangés ! C'est un cochon qui se coupe lui-même en tranches de saucisson ; c'est une mascotte de poulet qui vous servira vos ailes de poulet au restaurant. Et quand on y songe un peu, qu'est-ce qui fait tant rire la vache qui rit ? Son veau à l'abattoir ?

Fort heureusement, on peut voir la viande autrement. On peut ne plus être dupe du carnisme ambiant. On peut lire, s'informer, regarder des documentaires. Alors, lorsque le vernis se craquelle, lorsque l'imagination et la réflexion s'engagent, c'est notre perception morale qui s'approfondit.

---

* Le site http://suicidefood.blogspot.ca propose de beaux spécimens.

L'écran carniste se brise. On se met à voir son steak comme un animal mort.

Je ne prétends pas avoir examiné toutes les manières dont l'humain cherche à résoudre la dissonance cognitive. De toute façon, comme le rappelle souvent le psychologue moral Jonathan Haidt, l'esprit humain est très ingénieux lorsqu'il s'agit de justifier un comportement après coup. Il reste toutefois une dernière stratégie que je voudrais évoquer.

C'est de plaider coupable. C'est une échappatoire qui ne déplaît pas à certains intellectuels. L'idée consiste à reconnaître l'existence du carnisme tout en assumant son spécisme. Il s'agit de soutenir, avec aplomb, que l'appartenance à l'espèce, en tant que telle, *est* un critère moralement pertinent.

Ce n'est pas une posture bien nouvelle. Les hommes sont par nature au-dessus des autres animaux parce qu'ils sont des hommes. Les animaux ne méritent pas notre considération morale parce qu'ils sont des animaux. Ce postulat moral permet effectivement de résoudre le paradoxe de la viande (reste quand même l'argument environnemental). Il n'y a en effet plus de tension : « Je sais que les animaux souffrent... *et* j'aime mon steak. » La souffrance des animaux n'est pas un problème moral : c'est le spécisme ou le suprématisme humain pleinement assumé.

Dans le dernier chapitre, je vais revenir aux fondements et aux implications de cette logique spéciste. J'espère montrer que le véganisme n'est pas seulement un style de consommation ou un mode de vie, c'est un mouvement social, politique et moral qui s'intègre dans un refus plus vaste des oppressions. C'est, à bien des égards, une lutte d'émancipation soutenue par une éthique humaniste et soucieuse des plus vulnérables.

CHAPITRE 4

LE VÉGANISME EST UN HUMANISME

Octobre 2014, Montréal, Canada. Lorsque vous remontez l'avenue du Parc, peu après un bar à danseuses et juste avant la rue Fairmount, vous n'avez qu'à descendre quelques marches pour vous retrouver dans un long demi-sous-sol. Le jour, c'est un café où se tapit la faune du Mile-End : étudiantes à frange, graphistes barbus, robes à fleurs, piercing et MacBook cachés sous des autocollants. Le soir, c'est le club de jazz de la scène indépendante montréalaise. Vous êtes au café Résonance.

Les copropriétaires, d'anciens étudiants de McGill, sont eux-mêmes musiciens (contrebasse et sax alto). Ils ont monté ce lieu pour partager leur sensibilité esthétique et permettre à d'autres de jouer et d'organiser des soirées littéraires chaque mois. Ils ont voulu un lieu pour le jazz vivant. Ils ont aussi voulu que la cuisine y soit végane.

En ce lundi soir d'octobre 2014, on a tant bien que mal dressé un écran devant la scène encombrée d'instruments. La philosophe Valéry Giroux présente quelques diapos pour illustrer sa position en éthique animale. Elle donne un cours dans le cadre d'UPop Montréal, une université populaire gérée par des bénévoles*. Devant une assistance compacte, Valéry explique les grandes lignes de sa thèse de doctorat.

Valéry défend l'abolitionnisme. Elle considère que les animaux sentients ne devraient pas être des propriétés, c'est-à-dire des biens qu'on peut acheter et vendre. Sa réflexion concerne les fondements philosophiques du droit. À quoi servent les droits humains, demande-t-elle? À protéger nos intérêts fondamentaux: en particulier notre intérêt à l'intégrité physique, à la vie et à la liberté.

Le principe (aristotélicien) selon lequel nous devons traiter les cas similaires de façon similaire implique que si les animaux non humains possèdent ces intérêts, nous devrions leur conférer des droits. Or, qui peut nier qu'un cochon ou une poule a intérêt à vivre, à ne pas souffrir et à exercer librement son comportement naturel? Dans ce contexte, Valéry a notamment cherché à appliquer la notion de la liberté comme non-domination (défendue notamment par le philosophe Philip Pettit) au cas des animaux.

Valéry est la première végane que j'ai rencontrée. Nous étions tous les deux étudiants au 3e cycle à l'Université de Montréal. J'ai très vite été impres-

---

* En plus d'entendre la conférence de Valéry Giroux, le public du cours «Zoopop» organisé par Christiane Bailey à l'UPop a pu assister, cet automne-là, à des présentations sur l'histoire du végétarisme, le carnisme, le droit animal au Canada, la zoopolitique et l'écoféminisme.

sionné par son acuité intellectuelle et par sa rigueur d'analyse. J'étais alors un omnivore ordinaire, pas spécialement consciencieux, ni tout à fait indifférent à la souffrance animale. J'essayais tant bien que mal de m'accommoder de ma propre dissonance cognitive (mais je jure que je n'ai jamais invoqué la souffrance des plantes !). Lorsque j'en parlais avec elle, Valéry pointait avec une gentillesse désarmante mon ignorance et mes contradictions.

J'ai fini par céder. Mon plaisir gustatif ne pouvait justifier l'exploitation animale. Il fallait poser des limites à mon égoïsme. Ma transition vers le véganisme fut relativement rapide et indolore. En moins d'un an, je découvrais le tempeh, le lait d'amande, le parmesan végé et je ne consommais quasiment plus de produits animaux.

Un changement si « radical » m'effrayait tout de même un peu (était-ce mon module d'aversion à la perte qui s'activait dans un recoin de mon cerveau ?). Mais j'avais développé un truc assez efficace. Je me disais régulièrement que je ne renonçais pas *à jamais* aux fromages ou aux charcuteries. Ces saveurs qui m'avaient accompagné toute ma vie ne disparaîtraient pas parce que je cessais de les goûter au quotidien. D'ailleurs, personne n'allait me gronder si d'aventure je cédais à la tentation. En ce qui me concerne, cette simple possibilité théorique suffit à raffermir ma volonté et à faciliter ma transition.

Avant de rencontrer Valéry, je n'aurais pas imaginé un instant que je puisse devenir ne serait-ce que végétarien. En un certain sens, manger des animaux faisait partie de mon identité. J'avais un rapport aux lardons ou au beurre presque senti-mental. Et je percevais la réalité à travers le prisme idéologique du carnisme ambiant. Pour tout dire, je considérais les « amis des animaux » comme des excentriques gentiment ridicules : mémères à chiens-chiens et fofolle façon Brigitte Bardot (mon carnisme n'excluait pas un certain sexisme). Sur ce point comme sur d'autres, mes études de philoso-phie ne m'avaient pas réveillé de mon sommeil dogmatique.

Il faut dire que pour la *doxa* philosophique qu'on m'avait enseignée aussi bien au lycée qu'à l'université, au moins depuis Descartes et jusqu'à Jean-Paul Sartre, la cause était entendue : l'homme s'opposait aux animaux comme la culture s'oppose à la nature, l'intelligence à l'instinct, la *res cogitans* à la *res extensa* et la liberté au déterminisme.

Je crois me souvenir que je trouvais cela à la fois rassurant et exaltant. Non content d'être le plus beau fleuron de l'évolution naturelle, l'homme était aussi un être métaphysiquement spécial. Par la culture, il défiait la mort et il dominait légitime-ment les autres espèces. Aucun doute, en tant que membre de l'espèce humaine, mon estime de moi était au plus haut. J'espère au moins avoir eu cet effet lorsque, devenu prof, j'enseignai à mon tour cette *doxa* à des adolescents.

Dans ce chapitre, je vais m'intéresser à la dimen-sion plus politique du véganisme. À quel type de conceptions s'oppose-t-il ? Lesquelles, au contraire, sont ses alliés objectifs ? Après l'avoir confronté au suprématisme humain, je m'efforcerai de montrer que le véganisme est un humanisme (au sens inclusif du terme) et que les véganes ne sont pas des misanthropes. Pour plusieurs auteurs, il existerait même une logique commune aux diverses oppressions. Il convient alors d'intégrer le mouvement pour les droits des animaux dans une perspective intersectionnelle plus large. C'est aussi ce que suggèrent les études récentes en psychologie sociale que je présenterai pour conclure : le spécisme ne cause pas seulement du tort aux animaux.

De l'exception humaine au suprématisme humain

Autre temps, autre lieu. Le 29 mars 1945, Jean-Paul Sartre donne sa célèbre conférence *L'existentialisme est un humanisme*. C'est ce soir-là qu'il expose au public parisien la fameuse formule selon laquelle, pour l'homme, « l'existence précède l'essence[1] ». Et ce n'est pas le cas pour les coupe-papier, précise-t-il. L'essence du coupe-papier précède son existence, c'est-à-dire qu'il a été défini et planifié par un designer avant d'être fabriqué. En revanche, il n'existe pas d'essence humaine qui préexisterait à ce que chacun d'entre nous décide de devenir.

Si l'existentialisme est un humanisme, nous dit Sartre, c'est parce que le véritable humanisme*

---

* Le terme « humanisme » a différents sens qui ne sont pas toujours faciles à démêler. À la Renaissance, c'est en quelque sorte un courant en philosophie de l'éducation qui cherche à diffuser le savoir en se démarquant de l'influence de l'Église catholique. À partir des Lumières, c'est une vision du monde qui valorise la tolérance, l'égalité, la liberté et croit en la science et en la perfectibilité humaine. Voir, par exemple, rejette l'idée d'une essence ou d'une nature humaine. L'homme est liberté, transcendance, dépassement constant hors de lui-même. Sartre reprend par là une distinction de son « essai d'ontologie phénoménologique », *L'Être et le néant,* selon laquelle, contrairement à toutes les autres entités naturelles (animaux compris) qui sont des êtres « en-soi », l'homme est aussi un être « pour-soi », c'est-à-dire une conscience. En somme, la définition de l'humanisme irait de pair avec l'idée que nous sommes spéciaux, que nous sommes « essentiellement » différents du reste de la nature.

Cette thèse sartrienne rejoint l'idée très populaire chez les penseurs occidentaux qu'il existerait une « exception humaine ». L'homme ne serait pas seulement unique au sens où il se distinguerait des autres espèces par des propriétés spécifiques – tout comme les taupes ou les baleines se distinguent des autres espèces par des propriétés spécifiques. Non : il s'agirait d'une rupture plus profonde, « métaphysique ». D'ailleurs, le langage ordinaire entérine et illustre cette frontière avec le terme « animal » qui désigne *toutes* les espèces d'animaux non humains.

Le cadre naturaliste dans lequel travaillent aujourd'hui la plupart des scientifiques envisage l'humain – y compris dans ses dimensions sociales et culturelles – comme une forme de vie biologique. À l'inverse, la thèse de l'exception humaine, explique le philosophe Jean-Marie Schaeffer, se caractérise d'abord par « une *rupture ontique* à l'in-

---

Stephen Law, *Humanism: A Very Short Introduction,* Oxford, Oxford University Press, 2011.

térieur de l'ordre du vivant. Selon la Thèse, le monde du vivant est constitué de deux classes radicalement disjointes, les formes de vie animale d'un côté, l'homme de l'autre[2] ».

Pour Descartes aussi, l'espèce humaine est métaphysiquement spéciale. En effet, seuls les humains possèdent à la fois un corps et une âme. Eux seuls peuvent éprouver des passions de l'âme parce qu'eux seuls participent des deux substances que sont l'étendue (*res extensa*) et la pensée (*res cogitans*). On le sait, Descartes considérait en conséquence les animaux comme des machines sans âme – comme des horloges sophistiquées.

Ce faisant, Descartes recyclait l'idée chrétienne selon laquelle l'homme n'est pas comme les autres créatures. S'il est unique, c'est parce qu'il est le seul à avoir été créé à l'image de Dieu. S'il est exceptionnel, c'est parce que Dieu veut qu'il soit le maître des autres créatures : « qu'il domine sur les poissons de la mer, sur les oiseaux du ciel, sur le bétail, sur toute la terre, et sur tous les reptiles qui rampent sur la terre » (Genèse, 1,26). Bref, c'est à l'image de Dieu que l'homme transcende, lui aussi, le monde des autres créatures.

L'Église catholique condamne depuis long-temps les végétariens qui le sont pour des raisons morales (mais pas ceux qui le sont par simple ascé-tisme). Au Moyen Âge, l'Inquisition pourchassait les cathares, ces chrétiens hérétiques qui suivaient une diète quasi végétalienne – ils consommaient du poisson, mais pas de viande, de lait ou d'œufs. Plusieurs furent même brûlés après avoir refusé de manger un plat de viande. Comme l'explique

Renan Larue, la doctrine catholique était très claire sur l'infériorité des animaux. Saint Thomas n'avait-il pas écrit qu'« ils sont par nature esclaves et destinés à l'usage d'autres êtres[3] » ?

Aujourd'hui, la thèse de l'exception humaine est encore au cœur de ce qu'on nomme parfois l'« humanisme métaphysique[4] ». Elle a assurément partie liée au spécisme, mais elle ne s'y identifie pas*. Comme son nom l'indique, c'est une position *métaphysique* : elle concerne la place de l'homme au sein de l'Univers ou de la Nature. Le spécisme, en revanche, est la position *éthique* qui soutient que je ne dois de considération morale qu'aux membres de ma propre espèce.

Le spécisme est donc une forme de *suprématisme humain*[†] – comme il existe un suprématisme blanc, par exemple. Il postule qu'appartenir à l'espèce humaine confère, en tant que tel, une valeur intrinsèque et une supériorité morale sur les autres espèces. Voilà ce qui nous donnerait le droit de faire passer les intérêts humains avant ceux des autres animaux, fussent-ils aussi futiles que l'inté-

---

* Il est en effet possible d'admettre la thèse de l'exception humaine sans embrasser le spécisme : c'est par exemple ce que propose le théologien de l'Université d'Oxford, Andrew Linzey, figure de proue de l'éthique animale chrétienne.

† Il est aussi possible d'être spéciste sans endosser le suprématisme humain, comme il est possible d'être raciste sans endosser le suprématisme blanc. Notons également qu'en théorie, il pourrait y avoir un suprématisme orang-outang ou vulcanien, si les orangs-outang ou M. Spock développaient une idéologie qui place leur propre espèce au sommet de la hiérarchie.

rêt pour le foie gras, la fourrure ou les combats de chiens.

Le film d'anticipation *District 9* offre une réflexion intéressante sur le sujet. Des extraterrestres pacifiques dont le vaisseau spatial est tombé en panne sont réfugiés sur Terre depuis vingt ans. Parqués dans le District 9, un ghetto de Johannesburg, ils sont quotidiennement confrontés au spécisme des humains : surnommés les « crevettes », on leur interdit de circuler librement tandis qu'ils sont exploités par une multinationale et se retrouvent tout en bas de l'échelle sociale. En dépeignant une société où des individus sont asservis, non parce qu'ils sont moins « développés » que les humains, mais simplement parce qu'ils sont différents et plus vulnérables, le film présente une belle allégorie du suprématisme humain avec tout ce qu'il peut avoir d'arbitraire sur le plan moral.

Qu'est-ce qu'assumer son spécisme ? C'est postuler que non seulement l'homme est métaphysiquement distinct des animaux, mais qu'il leur est moralement supérieur. Le suprématiste humain assume son spécisme. Pour lui, l'homme peut opprimer d'autres êtres sentients parce qu'il n'a pas à reconnaître leurs intérêts fondamentaux.

Mais comment justifier ce privilège humain ? C'est la volonté de Dieu. C'est dans l'ordre des choses. En cherchant bien, on trouve toujours une raison. La plus paradoxale de ces raisons repose sur la notion d'agentivité morale. C'est l'« argument » que résume bien le philosophe Stephen Clark : « Nous sommes absolument meilleurs que les animaux parce que nous sommes en mesure de donner de la considération à leurs intérêts : par conséquent, nous ne le ferons pas[5]. »

Toutefois, depuis les découvertes de Darwin, les fondements métaphysiques du spécisme ne se portent pas très bien – le livre de Jean-Marie Schaeffer s'intitule d'ailleurs *La fin de l'exception humaine*. D'un point de vue biologique, il peut certes exister des différences de degré entre les animaux humains et non humains, mais pas de différence de nature. L'*Homo sapiens* est une espèce qui a subi les contraintes de l'évolution comme toutes les autres espèces. Pour la science depuis cent cinquante ans, l'homme n'est pas spécial : il n'est ni une créature élue de Dieu, ni un îlot métaphysique qui pourrait se soustraire aux règles de la causalité.

En définitive, tout se passe comme si le suprématiste humain n'arrivait tout simplement pas à digérer la théorie de l'évolution. Il résiste à ce que Freud désignait comme la seconde blessure narcissique que la science inflige à l'humanité (après l'héliocentrisme et avant la découverte de l'inconscient). Mais si cette résistance est profonde, c'est parce qu'elle vient de loin. C'est le père de la psychanalyse qui le dit :

> Au cours de son développement culturel, l'homme s'érigea en maître de ses compagnons dans la création, les animaux. Mais non content de cette prédominance, il se mit à creuser un fossé entre leur essence et la sienne. Il leur contesta la raison et s'attribua une âme immortelle, se réclama d'une haute ascendance divine qui permettrait de rompre le lien de communauté avec le règne animal[6].

Humanisme moral inclusif et exclusif

Je me souviens que, peu après avoir découvert le véganisme et l'éthique animale, l'idée que cela puisse s'opposer à l'humanisme me tracassa quelque temps. En effet, sans être capable de le définir clairement, je me sentais plutôt humaniste : j'associais, en tout cas, cette notion à celles d'égalité, de bonté, de respect de la dignité humaine. L'humanisme, pour le dire vite, c'était le contraire de la barbarie.

Je n'avais pour autant aucune affinité avec le suprématisme humain, qui me paraissait aussi ridicule que le suprématisme blanc ou n'importe quel chauvinisme. J'avais aussi renoncé sans remords à la thèse de l'exception humaine. Mais se pouvait-il que mon adhésion aux arguments véganes contredise mon sentiment d'être humaniste ? N'y avait-il pas un risque de préférer les animaux aux humains ?

À ma décharge, il faut dire que le discours ambiant, qui ne se gêne pas pour identifier « humain » et « moralement valable », ajoutait à la confusion. Comme le remarque David Olivier, l'opposition humanité/animalité recoupe souvent l'opposition altruisme/égoïsme ou bien/mal.

> Aider une personne qui meurt de froid sur le trottoir devient « ne pas la laisser crever comme un chien ». Aider des personnes lointaines devient de l'« humanitaire ». Notre horreur de la boucherie nazie devient horreur du fait de « traiter les hommes comme des animaux ». Jouir de nos facultés devient « s'épanouir en tant qu'êtres humains ». Notre condition commune d'êtres souffrants et jouissants devient « tous les hommes sont égaux ». Et même

défendre les animaux devient vouloir «les traiter humainement»[7].

Pourtant, quand on y pense, faire de l'humanité une valeur morale et de l'humain un modèle à suivre ou un *devoir-être* sont de drôles d'idées. La justice, la liberté, la bienveillance et l'égalité sont des valeurs. Elles évaluent: un partage est plus ou moins juste, une personne plus ou moins bienveillante, etc. Mais qu'est-ce que cela pourrait signifier d'être plus ou moins humain? Que l'on appartient plus ou moins à l'espèce humaine* ?

Si je me sentais vaguement humaniste, ce n'est pas parce que je me sentais plus humain qu'un autre ou parce que j'aspirais à ressembler à une essence de «l'Homme». C'est plutôt parce que je me reconnaissais dans une tradition qui accorde de l'importance à la raison et à la science, à la liberté, à l'égalité et à la tolérance. Je voyais surtout l'humanisme comme un progressisme qui croit à la perfectibilité humaine et au progrès moral de l'humanité. C'est cet humanisme qui, depuis le siècle des Lumières, lutte avec les esclaves, les femmes et les opprimés.

Pour y voir plus clair, je décidai de distinguer, dans le domaine de la moralité, deux formes d'humanisme. D'une part, l'humanisme «inclusif»

---

* David Olivier rappelle que cela peut avoir des conséquences sanglantes: «C'est ainsi explicitement au nom de l'Homme que furent commis les massacres nazis, staliniens et khmer-rouges.» (*loc. cit.*) En effet, ériger cet objet imaginaire appelé «Homme» en un modèle ou un «devoir-être», c'est s'autoriser l'élimination des individus qui ne correspondent pas au modèle.

désigne un ensemble de valeurs, de normes et de vertus morales qui sont à la base d'une extension constante du cercle de la moralité. Il défend l'égalité, la liberté et la solidarité et se préoccupe des plus vulnérables. Il est inclusif, car il ne restreint pas a priori le champ d'application de ces valeurs. C'est l'humanisme de Voltaire et de Rousseau, de Jeremy Bentham et de John Stuart Mill, de Martin Luther King et de Gandhi.

D'autre part, l'humanisme « exclusif » consiste à limiter la considération morale aux seuls membres de l'espèce humaine. La justice, l'égalité et la bienveillance, oui ; mais seulement pour ceux qui ont la carte VIP. L'humanisme exclusif est donc foncièrement spéciste et il se confond avec le suprématisme humain*.

C'est cette seconde forme d'humanisme que rejetait Claude Lévi-Strauss dans les pages du *Monde* en 1979, « cette espèce d'humanisme dévergondé issu, d'une part, de la tradition judéo-chrétienne, et, d'autre part, plus près de nous, de la Renaissance et du cartésianisme, qui fait de l'homme un maître, un seigneur absolu de la création ». Le célèbre ethnologue en avait parfaitement identifié le mécanisme d'exclusion :

---

* Il n'empêche qu'en vertu de l'argument environnemental, l'humaniste exclusif devrait tout de même prôner le véganisme. En effet, même s'il ne voit pas de problème moral en tant que tel à mettre le chat dans le micro-onde, l'humaniste exclusif devrait favoriser le mode de consommation qui maximise les chances de survie de l'espèce humaine et le bien-être des générations (humaines) futures.

Le respect de l'homme par l'homme ne peut pas trouver son fondement dans certaines dignités particulières que l'humanité s'attribuerait en propre, car, alors, une fraction de l'humanité pourra toujours décider qu'elle incarne ces dignités de manière plus éminente que d'autres. Il faudrait plutôt poser au départ une sorte d'humilité principielle : l'homme, commençant par respecter toutes les formes de vie en dehors de la sienne, se mettrait à l'abri du risque de ne pas respecter toutes les formes de vie au sein de l'humanité même[8].

C'est précisément ce que propose le véganisme. Il s'agit de ne pas accorder de dignité particulière à l'humanité ou à l'espèce humaine *en tant que telle*. Le critère moral n'est pas là. Il est dans la sensibilité. C'est l'intérêt d'un individu sentient, peu importe son espèce, à ne pas souffrir, à ne pas être tué, à ne pas être dominé. Le véganisme ne fait rien de plus qu'inclure de nouveaux individus, longtemps ignorés ou marginalisés, dans le cercle de notre considération morale.

Dès lors, le véganisme moral rejoint l'humanisme inclusif. L'un et l'autre manifestent un même élargissement de la perception morale. L'un et l'autre refusent les discriminations arbitraires. Si le véganisme est un humanisme, c'est parce qu'il se situe dans la continuité de cette tradition morale inclusive. Les obstacles sont d'ailleurs de même nature que lorsqu'il s'est agi d'inclure les esclaves ou les femmes : des préjugés, des traditions et des idéologies qui obscurcissent notre perception de la réalité.

Une oppression sans histoire

C'est le propre des oppressions que de facilement tomber dans les oubliettes de l'histoire. On découvre à peine l'histoire des femmes, des peuples colonisés ou des minorités sexuelles. L'oppression des animaux confirme la règle. Ce n'est pas surprenant : il aura fallu attendre que notre perception morale – et celle des historiens – y voit un sujet *digne d'intérêt*. Mais il est aujourd'hui de plus en plus clair que ce n'est pas parce que les animaux n'écrivent pas l'histoire qu'ils n'y ont pas leur place.

De quelle manière raconter l'histoire de notre rapport aux autres animaux ? L'histoire globale, une discipline relativement récente, cherche à comprendre l'histoire de façon transnationale en dégageant des motifs communs à différentes cultures du monde. À l'Université de Jérusalem, Yuval Harari en a fait sa spécialité. Dans son livre *Sapiens: A Brief History of Humankind*[9], il propose une perspective inédite sur l'oppression dont les animaux ont été victimes.

Il n'est guère contestable que l'espèce humaine est aujourd'hui la plus puissante du règne animal*.

---

* Cela se traduit même en terme de biomasse. Harari note ainsi que si l'on mettait sur une balance les 7 milliards d'humains que nous sommes aujourd'hui, nous pèserions collectivement 300 millions de tonnes. La biomasse des animaux d'élevage (poules, vaches, cochons) atteindrait, quant à elle, 700 millions de tonnes. De leur côté, les gros animaux sauvages, du porc-épic à l'éléphant et du pingouin à la baleine, ne parviendraient pas à 100 millions de tonnes. Autrement dit, l'humain et « ses » animaux pèsent aujourd'hui dix fois plus que la faune sauvage. Voir Yuval Harari, *op. cit,* p. 350.

Cela n'a pas toujours été le cas. Notre espèce appartient au genre *Homo* (comme *neanderthalis* et *erectus**) et à la famille des hominidés (comme le chimpanzé et le gorille). Lorsqu'*Homo sapiens* apparaît, il y a cent cinquante mille ans en Afrique, c'est une espèce parmi d'autres. Comment a-t-il imposé sa domination sur les autres espèces, au point de devenir ce maître et possesseur de la nature qu'il est aujourd'hui ?

Pour Yuval Harari, le secret de cette « réussite » réside dans la capacité humaine à coopérer en très grand nombre (comme les fourmis), mais de manière flexible (comme les loups). La sélection naturelle a fait évoluer les humains – sans qu'on ne sache bien pourquoi – en privilégiant le volume du cerveau à la musculature : on estime qu'à poids égal, un chimpanzé est cinq fois plus fort qu'un humain. C'est le langage élaboré, rendu possible par ce gros cerveau, qui va permettre la coopération flexible et de masse.

Il est probable que nos ancêtres *Homo* se nourrissaient surtout d'animaux qu'ils ne tuaient pas eux-mêmes (c'est-à-dire de charognes). Grâce à leur habileté manuelle, ils étaient parvenus à fabriquer des outils, les fameux bifaces, qu'ils utilisaient pour récupérer la moelle des carcasses laissées par de grands prédateurs. Leur régime alimentaire se constituait aussi de champignons, de fruits, de noix, d'insectes et de petits mammifères. Ce n'est qu'il y a quatre cent mille ans que les tribus nomades

---

* On peut se demander si un humaniste exclusif aurait admis Néandertal dans la famille humaine...

de chasseurs-cueilleurs commencent à chasser le gros gibier*.

Les premières traces archéologiques de domestication remontent à quinze mille ans. Il s'agit du chien, qu'on imagine utile pour la chasse, la guerre et la garde. Mais c'est la révolution agricole et la sédentarisation, il y a dix mille ans au Proche-Orient, qui marquent le début de la domination de l'homme sur d'autres espèces animales. Moutons, poules et cochons sauvages sont d'abord protégés des prédateurs, puis restreints dans leur liberté de mouvement pour être, enfin, à l'entière disposition des humains qui contrôlent leur reproduction et développent les premières techniques eugéniques.

Ainsi, en tuant les béliers rebelles et les brebis maigres en premier, on finit par constituer des troupeaux de moutons dociles et gras. On peut aussi castrer les cochons afin de choisir le mâle reproducteur. Les animaux domestiqués fournissent alors de la nourriture (viande, œuf), des matériaux (laine, peau) et une force de travail (tirer une charrue, porter des charges). Ces animaux sont aussi une assurance sur le futur (en cas de mauvaise récolte) et une marque de richesse. Toutefois, mis à part pour quelques sociétés pastorales, l'élevage n'est alors qu'une activité secondaire qui complète l'agriculture[10].

À partir du XIXe siècle s'amorce une nouvelle ère. On oublie souvent que la révolution industrielle est aussi une seconde révolution agricole[11] :

---

* Il est d'ailleurs très probable qu'*Homo sapiens* soit responsable de l'extinction de la mégafaune qui s'épanouissait en Australie et en Amérique avant son arrivée.

alors que, durant plusieurs siècles, les paysans représentaient 90 % de la population, les gains de productivité agricole vont fournir des bras pour les usines des villes. Dans le cas de l'élevage, c'est surtout dans la seconde moitié du XXe siècle que de nouvelles techniques améliorent les rendements : mécanisation, confinement, usage d'hormones de croissance, emploi massif d'antibiotiques à titre préventif et sélection génétique*. Si Descartes se trompait évidemment sur la cognition des animaux, il anticipait toutefois bien l'avenir de leur oppression : avec l'élevage industriel, les animaux sont effectivement perçus et traités comme des machines.

Sans doute, l'oppression systématique des animaux au cours de l'histoire a-t-elle contribué à la croissance exponentielle de la population humaine. Nous sommes aujourd'hui sept milliards. D'un point de vue évolutif, c'est assurément une « réussite » (bien qu'on puisse se demander pour combien de temps encore). L'information contenue dans l'ADN humain s'est répliquée un grand nombre de fois. Bravo. Clap, clap.

Mais la « réussite » d'une espèce ne signifie pas grand-chose pour les individus qui la composent. En fait, il n'est pas du tout évident que la domestication ait amélioré le *bien-être* des individus humains. Après tout, celle-ci a aussi eu pour consé-

---

* Alors qu'une poule sauvage ne pond qu'une vingtaine d'œufs par an, les poules pondeuses issues de la sélection artificielle en produisent près d'un par jour. De même, les vaches laitières donnent aujourd'hui quatre fois plus de lait qu'en 1960.

quences des épidémies dévastatrices, des guerres plus violentes (avec les animaux de guerre), le colonialisme et l'impérialisme (pensons aux Amérindiens luttant contre les barbelés destinés à confiner le bétail).

Pour le sociologue américain David Nibert, il faut arrêter de penser l'histoire de la domestication comme un conte de fées « mutuellement avantageux ». C'est d'abord l'histoire d'une espèce qui en asservit d'autres et qui le fait avec violence. Nibert remarque aussi que si le système capitaliste n'a pas inventé l'exploitation animale (qui remonte à la première révolution agricole), il est néanmoins responsable de son intensification et de sa démultiplication. Mais aussi de ses effets sur les humains les plus vulnérables : « Le mal que les humains ont fait aux autres animaux – et tout spécialement ce mal qui vient de la pratique du pastoralisme qui a culminé avec l'élevage industriel – a été la condition préalable et l'origine d'une violence et de préjudices majeurs pour les humains au bas de l'échelle, en particulier pour les peuples indigènes tout autour du monde[12]. »

Au cours des siècles, l'homme a donc asservi toujours plus d'animaux et de façon toujours plus coercitive. Cette oppression a non seulement concerné les animaux domestiques, mais aussi la faune sauvage qui a vu son habitat et ses conditions de vie se détériorer.

Aujourd'hui, il ne reste que 250 000 chimpanzés et 80 000 girafes tandis que 60 milliards d'animaux sont envoyés chaque année à l'abattoir. Selon le Fonds mondial pour la nature (WWF), 50 % des vertébrés terrestres auraient disparu de la planète depuis quarante ans[13], et au rythme où l'on tue actuellement les éléphants, il n'y en aura plus dans dix ans[14].

Évidemment, au cours de cette histoire, plusieurs voix se sont aussi élevées pour défendre la cause animale. Dès l'Antiquité, Théophraste, Empédocle ou Porphyre condamnaient la consommation de viande. Depuis une quarantaine d'années, la lutte contre la domination est au cœur du mouvement pour les droits des animaux.

Les véganes sont-ils misanthropes?

Comme je l'explique plus haut, en découvrant les arguments véganes, je craignais vaguement qu'ils s'opposent à l'humanisme. J'espère avoir montré que cela n'est vrai qu'à condition de réduire l'humanisme à cette version étroite et exclusive qui désigne un suprématisme humain. En réalité, étendre le cercle de notre considération morale aux animaux n'implique absolument pas d'en exclure l'humanité ni même de dévaluer l'humain.

J'étais donc rassuré sur le plan théorique. Mais cela se vérifiait-il en pratique? D'un point de vue purement psychologique, les véganes et les militants de la cause animale ne risquaient-ils pas de « préférer les animaux aux humains »? L'empathie qu'on éprouve à l'égard des autres animaux ne se paie-t-elle pas d'une indifférence à l'endroit des humains?

Ce que ces questions présupposent, c'est que l'empathie suivrait une logique de vases communicants : ce que nous donnerions à l'un, il faudrait le retirer à l'autre. Les véganes seraient dès lors misanthropes par manque de combustible empathique : leur amour des animaux s'alimenterait à l'indifférence – voire à la haine – de l'humain. Cela peut-il se vérifier empiriquement ?

On connaît aujourd'hui les circuits neuronaux qui sont activés lorsque nous éprouvons de la souffrance au spectacle de la souffrance d'autrui – un mécanisme émotionnel qui existe chez de nombreux mammifères[15]. Il est donc possible de comparer la réponse empathique de différentes personnes.

C'est précisément l'objet d'une étude italienne publiée en 2011[16]. À l'aide de l'imagerie cérébrale par résonance magnétique, les chercheurs ont scanné les cerveaux d'omnivores, de végétariens et de véganes tandis qu'ils regardaient des images d'humains et d'animaux en situation difficile. Ils constatèrent d'abord que, chez les végétariens et les véganes, les aires cérébrales associées à l'empathie s'activaient davantage que chez les omnivores devant des images de souffrance animale. Mais, de façon peut-être plus surprenante, ce fut aussi le cas avec des images de souffrance humaine.

Autrement dit, les végétariens et les véganes semblent plus empathiques que les omnivores, aussi bien à l'endroit des animaux que des humains*. Si les chercheurs italiens ont innové en

---

* Il ne faut pas en déduire qu'il existerait une disposition innée à l'empathie ou au véganisme. Le cerveau est plastique : il se modifie tout au long de la vie. On a constaté, par exemple, des spécificités cérébrales chez les personnes qui méditent

utilisant la neuro-imagerie, des études au moyen de questionnaires indiquaient déjà une corrélation : plus les gens se soucient des animaux, plus ils se soucient des humains[17]. *Exit,* donc, la théorie des vases communicants.

Pour sa part, le moine bouddhiste Matthieu Ricard* identifie un « sophisme de l'indécence » dans les reproches qu'il essuie constamment pour son engagement en faveur des animaux.

> Le sophisme de l'indécence qui consiste à décréter qu'il est immoral de s'intéresser au sort des animaux alors que des millions d'êtres humains meurent de faim n'est le plus souvent qu'une dérobade facile de la part de ceux qui, bien souvent, ne font pas grand-chose ni pour les premiers ni pour les seconds. [...] Œuvrer pour épargner d'immenses souffrances aux animaux ne diminue pas d'un iota ma détermination à remédier aux misères humaines[18].

Pour ma part, je n'ai jamais été particulièrement sensible aux animaux. Dans la courbe en cloche, mon niveau d'empathie doit se situer dans le milieu, comme la plupart des gens. Et comme c'est souvent

---

régulièrement ou chez les chauffeurs de taxi londoniens qui ont appris par cœur le plan de leur ville. On peut tout à fait développer son empathie comme l'explique Matthieu Ricard dans son *Plaidoyer pour l'altruisme* (Paris, NiL, 2013).

* Avec l'ONG Karuna-Shechen, qui soutient des populations défavorisées en Inde, au Népal et au Tibet, Matthieu Ricard est lui-même un fervent défenseur des humains les plus vulnérables. De son côté, Peter Singer, l'auteur d'*Animal Liberation,* milite depuis plus de quarante ans contre la pauvreté. Voir sa présentation TED, « Le pourquoi et le comment de l'altruisme efficace », mars 2013, (www.ted.com/talks/peter_singer_the_why_and_how_of_effective_altruism?language=fr).

le cas des personnes attirées par la philosophie, j'ai énormément valorisé la rationalité et plus ou moins méprisé les émotions. D'ailleurs, mon intérêt pour la cause animale a d'abord été intellectuel : je ne voyais tout simplement pas quoi répondre aux arguments moraux.

En revanche, depuis que je suis végane, j'ai l'impression que ma sensibilité prend de la graine. Je trouve de plus en plus difficile de voir des images de souffrance animale ou humaine. J'y vois une raison d'être optimiste. Car si je suis capable de développer ma sensibilité envers les animaux, pourquoi ne le serions-nous pas collectivement ? Quoi qu'il en soit, je ne me sens pas moins sensible aux humains depuis que je mange des végéburgers. J'ai seulement l'humanisme plus inclusif.

Je dois aussi dire que les premiers véganes que j'ai rencontrés ont eu vite fait de dissiper mes dernières hésitations*. Le parcours de Valéry Giroux me semble, à cet égard, exemplaire. En effet, avant son doctorat en philosophie, Valéry a étudié le droit :

> À l'époque, j'étais un membre actif d'Amnistie internationale et j'avais l'impression qu'il pourrait être utile de devenir avocate pour continuer à travailler pour la défense des droits humains. Après une année d'études en droit, je me suis rendu compte que plusieurs étudiants bien plus compétents que moi avaient le même plan en tête. Ils voulaient rendre le monde meilleur pour tous les êtres humains. C'est là que j'ai compris que si tant de gens s'intéressaient à la justice humaine, à peu près personne ne se

---

* Le site web www.portraitsdeveganes.com permet aussi de faire de belles rencontres.

souciait de nos obligations de justice à l'endroit des autres animaux sensibles. Les êtres non humains étaient complètement ignorés et il est alors devenu pour moi évident que je pourrais faire beaucoup plus en consacrant mon temps et mon énergie à leur sort plutôt qu'à n'importe quelle autre cause sociale[19].

D'un point de vue moral, on peut donc dire que beaucoup de véganes sont des humanistes (inclusifs)*. Reste qu'on peut se demander quels types de personnes choisissent d'adopter ce mode de vie et d'embrasser cet engagement politique et moral.

Il existe malheureusement encore peu d'études scientifiques qui portent spécifiquement sur les véganes. On en sait toutefois de plus en plus sur les végétariens au sens large. En Inde, où ils représenteraient 40 % de la population, leur principale motivation est religieuse et associée à la pureté[20]. En Occident, en revanche, les gens deviendraient d'abord végétariens pour le bien-être ou les droits des animaux et pour leur santé, puis, dans une moindre mesure, pour l'environnement, pour des raisons spirituelles ou par dégoût de la viande[21].

À l'inverse, les raisons évoquées pour ne pas devenir végétariens sont le plaisir gustatif (78 %), le fait de ne pas vouloir changer ses habitudes

---

* Notons toutefois qu'à force de constater l'insensibilité ou la cruauté dont de nombreux humains font preuve à l'égard des animaux, certains véganes développent une sorte de dégoût pour l'espèce humaine – mais qui ne se traduit habituellement pas par de la violence envers des individus humains (lesquels sont bien évidemment inclus dans la catégorie des êtres sentients).

(58 %), l'idée que les humains sont faits pour manger de la viande (44 %), le fait que sa famille en mange (43 %) et le manque d'information sur ce type de diète (42 %)[22].

Au nombre de restaurants qui ouvrent et de *vegfest* qui fleurissent, on peut dire que les véganes sont de plus en plus visibles. Mais parce qu'ils demeurent une minorité, personne n'a encore pris la peine de les recenser sérieusement. De plus en plus d'études permettent toutefois de brosser le portrait psychologique des végétariens (au sens large qui inclut les véganes). C'est ce que fait Matthew Ruby dans un article de synthèse: « De manière générale, les végétariens occidentaux tendent à être progressistes dans leurs positions politiques, à accorder de l'importance à la protection de l'environnement, à l'égalité et à la justice sociale. Ils s'opposent aux hiérarchies, à l'autoritarisme, à la peine capitale et à la violence au sens large. Le petit corpus de recherches – mais en expansion – sur les véganes suggère que, par comparaison avec les végétariens, ils possèdent des croyances plus fortes sur la consommation de viande, le bien-être animal et l'environnement[23]. »

De mon côté, je me suis demandé comment recueillir facilement des données sur la psychologie spécifique des véganes. Je me suis tourné vers un site de rencontre dont l'algorithme permet de dégager les « profils de personnalité » des utilisateurs. L'échantillon étant restreint – une centaine d'utilisateurs qui s'identifient comme véganes dans une ville d'Amérique du Nord –, on n'y verra pas beaucoup plus que des tendances et des pistes de recherches.

Toujours est-il que, dans mon échantillon, les véganes semblent plus «compatissants» et «indépendants» que les utilisateurs de même âge, genre et orientation sexuelle. Dans une moindre mesure, ils apparaissent aussi plus «aventureux», «politiques» et «sexuellement expérimentés» que les personnes non véganes. Ils ont enfin tendance à être moins «classiques» et moins «religieux/spirituels». Oserais-je ajouter que, pour ma part, je les trouve aussi beaucoup plus séduisants?

Penser l'intersectionnalité

De Montréal à Guelph, en Ontario, il y a au moins sept heures d'autoroute. Et c'est Christiane Bailey qui conduit. Elle m'a convaincu de la suivre au colloque *Human Rights Are Animal Rights*. Sur le trajet, entre deux albums de sa *playlist*, Christiane m'expose son projet de thèse.

Elle aborde les questions animales dans une perspective relationnelle et écoféministe qui emprunte aussi bien à *Zoopolis* de Donaldson et Kymlicka qu'aux *critical animal studies* (études animales critiques) et aux recherches éthologiques. Elle se demande comment ne pas voir seulement les autres animaux comme des êtres vulnérables, mais aussi comme des agents et des sujets sociaux.

Christiane me raconte aussi sa transition: plus ou moins végétarienne depuis l'âge de vingt ans, elle a toujours adoré les animaux. Mais elle s'était promise de ne jamais devenir «extrémiste», c'est-à-dire végane. Jusqu'à ce qu'elle rencontre Valéry Giroux et se rende compte de ses lacunes et de ses incohérences, comme elle me le dit peu après la sortie pour Ottawa.

Tandis que la voiture avale les kilomètres, Christiane met le doigt sur ce qui a été le véritable déclic théorique. C'est quand elle a compris qu'on pouvait faire la distinction entre la valeur que tout un chacun accorde aux différents individus et les droits fondamentaux qu'il faut reconnaître à ces mêmes individus. En effet, on peut parfaitement être favorable aux droits des animaux tout en estimant qu'une vie humaine a plus de valeur qu'une vie animale ou que la vie d'une souris vaut moins que celle d'un chimpanzé[24]. Car cela ne signifie pas qu'on puisse tuer la souris sans nécessité.

Ce n'est d'ailleurs pas différent pour les humains. On peut tout à fait penser que la vie d'un jeune homme vaut plus que celle d'un vieillard sans penser qu'on devrait tuer ce dernier pour prendre ses organes et sauver le plus jeune. Tous les deux ont un égal droit à vivre. De même, attribuer plus de valeur à la vie de nos proches qu'à celles d'inconnus ne devrait rien enlever aux droits de ces inconnus.

Certes, lorsqu'ils sont en concurrence, les droits fondamentaux doivent parfois laisser place à d'autres critères d'évaluation pour trancher un dilemme. Mais les îles désertes et les canots de sauvetage poussent davantage dans l'imagination des philosophes que dans notre vie quotidienne. Dans la plupart des situations, les droits sont là pour protéger les intérêts fondamentaux des individus, indépendamment de la valeur – objective ou subjective – de leur vie. C'est en comprenant cela que Christiane s'est enfin sentie à l'aise avec les théories des droits des animaux. Et pendant ce temps, on a dépassé Toronto.

À Guelph, les organisateurs ont pris soin d'offrir un espace accessible, sûr et inclusif – les questions du public sont posées par écrit et il y a des toilettes *gender neutral*. À la tribune, se succéderont sept femmes : véganes, activistes, queer, racisées et/ou en situation de handicap. Sur l'affiche, on peut voir un poing et une patte levés en signe de lutte ; on peut aussi lire le thème du colloque : « La communauté des oppressions ».

C'est ce qu'on appelle l'intersectionnalité. Le terme vient de la professeure de droit afro-américaine Kimberlé Crenshaw, qui l'utilise pour désigner l'intersection entre différentes formes d'oppressions ou de discriminations. Elle donne l'exemple suivant : lorsque l'école de droit de Harvard fut pressée d'embaucher plus de professeurs femmes et de professeurs de couleur, la direction a désigné deux comités, l'un pour sélectionner des candidatures de femmes et l'autre de personnes de couleur. « Sans grande surprise, les femmes de couleur disparurent dans l'interstice[25]. »

Ce que cet exemple suggère, c'est qu'on ne peut pas traiter séparément la question du genre et de la race si l'on veut réduire les discriminations qu'elles entraînent. L'idée n'est pas nouvelle : dès les années 1960, le mouvement féministe américain avait été justement critiqué pour son exclusion des femmes noires. L'intersectionnalité, qui est aujourd'hui un domaine d'études sociologiques à part entière, cherche donc à penser le croisement des oppressions, de toutes les oppressions : sexisme, racisme, classisme (classe socio-économique), hétérosexisme, capacitisme (handicap), etc.

Pour plusieurs, il convient d'ajouter le spécisme à la liste. Ainsi, dans ses livres, *The Sexual Politics of Meat* et *The Pornography of Meat*, l'écoféministe Carol J. Adams montre clairement l'intrication du sexisme et du spécisme : les femmes sont des « chiennes » et les vaches qui refusent d'obéir, des « salopes ». On oublie d'ailleurs souvent qu'avec la domestication, les femelles sont davantage exploitées que les mâles puisqu'en plus de leur chair, elles doivent fournir des œufs, du lait, des veaux ou des porcelets. L'oppression patriarcale s'immisce ainsi dans notre rapport aux non-humains. Pour Carol J. Adams, on peut faire de nombreux parallèles entre la violence faite aux femmes et celle faite aux animaux : « Cette violence implique en général trois choses : l'objectification d'un être qui est vu comme un objet plutôt que comme un être vivant, qui respire et qui souffre ; la fragmentation, ou le travail de boucherie, qui détruit l'existence de cet être en tant qu'être complet ; puis sa consommation – soit la consommation littérale de l'animal non humain, soit la consommation des femmes fragmentées à travers la pornographie, la prostitution, le viol ou les coups[26]. »

Après avoir lu Carol J. Adams, beaucoup de féministes sont devenues véganes. Et certaines véganes ont fait le chemin inverse. C'est le cas de l'auteure québécoise Élise Desaulniers. Elle écrivait son second livre, *Vache à lait*, lorsqu'elle s'est aperçue que les vaches subissaient une double oppression parce qu'elles étaient femelles. « Plus j'avançais dans ma compréhension des mythes de l'industrie laitière, plus le parallèle avec l'oppression des femmes devenait troublant » rapporte-t-elle dans son article « Les vrais mâles préfèrent la viande[27] ».

Elle y note aussi la proximité des termes anglais *husbandry* (l'élevage d'animaux) et *husband* (mari) qui suggère bien comment l'homme possède de concert femmes, enfants et animaux. « Historiquement, les femmes ont été considérées comme moins intelligentes que les hommes, moins rationnelles, plus près de la nature et des animaux. Dès lors, il n'est pas surprenant que la domination qu'elles subissent fasse écho à la domination des animaux. Réduire les femmes et les autres animaux à quelque chose de moins civilisé qu'eux a permis aux hommes de les exploiter. »

Dans notre culture, la masculinité continue de se construire du côté des barbecues. Un vrai mec, ça aime la viande – rouge et saignante. Parce qu'un vrai mec, ça chasse et ça prend le contrôle : de la conversation, de l'animal qui se débat, des femmes à sa disposition. En fait, que nous en soyons conscients ou non, nous associons la viande à la virilité.

Une étude canadienne le confirme. On a demandé à des participants omnivores d'évaluer la masculinité de Jim, un jeune homme de 34 ans, 1 m 70 et 67 kg, aimant la lecture, le jazz, le cinéma et la randonnée. Jim était tantôt omnivore (cuisinant un large éventail de fruits, de légumes, de viandes et de poissons) et tantôt végétarien (cuisinant un large éventail de fruits, de légume, de noix, mais ni viande ni poisson). Résultats : Jim l'omnivore était perçu comme significativement plus masculin que Jim le végétarien[28].

Dans le fond, ce que dit l'écoféminisme antispéciste, c'est qu'on ne peut comprendre adéquatement la réalité des oppressions sexiste et spéciste qu'en comprenant leur enchevêtrement*. L'analogie entre le sexisme et le spécisme serait un peu plus qu'une analogie : ce pourrait bien être l'expression d'une logique plus générale – la logique de la domination.

Sexisme, racisme et spécisme

C'est à Guelph que j'ai découvert Breeze Harper. Cette docteure en géographie de l'Université de Californie à Davis est spécialiste en théorie critique des races (*critical race theory*). Enceinte de son troisième enfant, elle a accepté de parler au colloque par vidéoconférence. Et c'est depuis son appartement de San Francisco, en gardant un œil sur ses enfants et un autre sur sa webcam qu'elle a évoqué ses recherches à la jonction du racisme et du spécisme.

Comme militante végane, Breeze Harper s'intéresse notamment à la question des « déserts alimentaires », ces zones du territoire envahies par la malbouffe et habitées par des populations pauvres qui n'ont tout simplement pas accès à de la

---

* Même le mouvement pour la défense des animaux – constitué à 80 % de femmes – est aux prises avec ce problème, puisqu'il est encore principalement dirigé par des hommes.

nourriture saine. Aux États-Unis, ce sont les Noirs qui en souffrent le plus – et c'est l'agrobusiness qui en profite.

Femme et noire, Breeze Harper connaît bien la réalité des oppressions. Elle a même écrit une sorte de roman d'apprentissage postcolonial, *Scars: A Black Lesbian Experience in Rural White New England* («Cicatrices. Une expérience noire et lesbienne dans la Nouvelle-Angleterre blanche et rurale»). Sur son blogue, *Sistah Vegan,* elle documente l'expérience – largement invisible pour la majorité blanche – des Noires américaines véganes. Elle s'intéresse également aux hommes véganes noirs de la génération hip-hop. Pour Harper, il n'y a pas lieu de hiérarchiser les luttes: «Je sais ce que je dois faire en tant que militante pour les droits des animaux: faire craquer les cadres, implorer les militants pour la justice sociale de reconnaître les interconnexions entre les violences et les abus. Les relations entre animaux humains et non humains contribuent à façonner nos relations avec les autres humains ainsi que notre sensibilité à l'égard des races et des ethnies (mais aussi des classes, des identités nationales, des genres et des orientations sexuelles)[29].»

Les similitudes entre le spécisme et le racisme sont nombreuses*. La traite des esclaves, en particulier, peut rappeler notre traitement des animaux: vente aux enchères, transports entassés

---

* Pour une approche plus philosophique de la question, on peut lire l'article de Valéry Giroux, «Du racisme au spécisme: l'esclavagisme est-il moralement justifiable?», *Ithaque,* vol. 2, n° 1, 2007, p. 79-107.

dans des navires, utilisation de chaînes, de cages et de divers moyens de contention, techniques pour « casser » les plus rebelles, séparation des parents et des enfants, sévices corporels en cas de désobéissance, eugénisme, marquage au fer rouge, etc.

Les justifications de l'esclavage ont aussi des airs de famille avec celles de l'exploitation animale : c'est une nécessité économique, c'est la volonté de Dieu, et il est dans la nature du Noir de servir son maître blanc, lequel traite d'ailleurs ses esclaves avec humanité et participe en réalité à leur émancipation. En 1836, le chancelier de l'Université de Caroline du Sud concluait ainsi un mémoire sur le sujet : « L'institution de l'esclavage est un processus essentiel pour sortir de la vie sauvage[30]. »

Marjorie Spiegel, l'auteure d'un livre classique sur la question, précise : « Pendant des siècles, les Noirs étaient qualifiés d'"irrationnels", et cela servait à la fois comme une raison de poursuivre leur "détention préventive" (l'esclavage) et de justifier une violence potentiellement sans limites[31]. » Puisque ce ne sont pas des êtres rationnels et autonomes, à quoi bon leur donner la liberté ? Et on peut bien leur mener la vie dure – ils sont bâtis solides !

Aujourd'hui encore, aux États-Unis, cela se traduit par un biais raciste chez le personnel médical. La démonstration en a été faite avec des joueurs de football américain : en 2010 et 2011, les joueurs noirs blessés étaient davantage susceptibles de jouer le match suivant que les blancs. La meilleure explication ? Les soignants (blancs ou noirs) considèrent a priori que les joueurs noirs ressentent moins la douleur que les blancs[32].

Historiquement, les esclaves étaient déshumanisés : lorsqu'on recense la population des différents États américains au xixᵉ siècle afin de déterminer, par exemple, le nombre de réprésentants politiques auxquels ils ont droits, un Noir compte littéralement pour 3/5ᵉ d'un Blanc. Les Noirs occupent en quelque sorte un statut intermédiaire entre le singe et l'être humain civilisé. On les représente comme paresseux, agressifs, simplets, hypersexuels et comme de grands enfants à encadrer.

Quant à l'association implicite Noirs-singes, on peut montrer qu'elle persiste encore aujourd'hui à l'aide de tests qui utilisent des images subliminales. Plus troublant encore, cette association implicite serait corrélée à davantage de condamnations à mort par la justice américaine[33].

Bref, tout comme l'analogie entre espèce et sexe consolide l'oppression patriarcale, l'analogie entre espèce et race permet souvent de renforcer le racisme. Mais on peut aussi l'utiliser pour montrer le chemin de la libération animale. C'est ce que fait Jeremy Bentham en 1789 dans une des plus célèbres notes de bas de page de la philosophie morale : « Les Français ont déjà découvert que la noirceur de la peau n'est en rien une raison pour qu'un être humain soit abandonné sans recours au caprice d'un bourreau. On reconnaîtra peut-être un jour que le nombre de pattes, la pilosité de la peau, ou la façon dont se termine le sacrum sont des raisons également insuffisantes pour abandonner un être sensible à ce même sort[34]. » (Quant à ceux qui s'offensent de l'analogie de Bentham, on peut se demander si c'est parce qu'ils ont de fortes convictions antiracistes ou bien parce qu'ils adhèrent au suprématisme humain.)

De la violence des abattoirs à la peur de mourir

Au-delà des analogies avec le sexisme et le racisme, peut-on lier la violence envers les animaux à celle envers les humains? Et d'abord, qu'est-ce que cela fait à un humain de tuer des animaux? Qu'est-ce que cela fait de travailler dans un abattoir? Un chercheur en science politique de l'université Yale, Timothy Pachirat, a effectué une étude de terrain pendant six mois dans un abattoir du Kansas. Il a étudié la «politique du visible» (*the politics of sight*) au cœur de ces machines à faire disparaître.

Car, pour abattre une vache toutes les 12 secondes – la cadence moyenne des abattoirs industriels – sans que personne ne se sente responsable, il importe de diviser minutieusement le travail et d'organiser l'espace. Par exemple, «la minorité des opérateurs qui traitent les "animaux" quand ils ont encore leur peau sont tenus à l'écart de la majorité des opérateurs qui traitent les "carcasses", après que les peaux ont été enlevées[35]».

Inutile de dire que le travail dans un abattoir est parmi les plus éprouvants qui soient, physiquement et émotionnellement – Pachirat note d'ailleurs qu'il est souvent le lot d'immigrés et de clandestins. C'est aussi une des industries qui doit affronter un important roulement de personnel et un taux élevé d'accidents du travail – avec en particulier de nombreux syndromes de stress post-traumatique. Pachirat raconte que plusieurs années après son expérience, le souvenir des cris et de l'odeur lui donne encore des haut-le-cœur*.

Les abattoirs sont violents pour les animaux, mais aussi pour les humains. Une étude a ainsi montré que, dans une communauté donnée, plus les abattoirs emploient de travailleurs, plus il y a de crimes violents[36]. La criminologue Amy Fitzgerald, son auteure principale, émet l'hypothèse d'une sorte de désensibilisation ou d'érosion de l'empathie pour expliquer ce phénomène.

Plus largement, plusieurs recherches documentent le lien entre la violence contre les animaux de compagnie et contre les humains. Les comportements de cruauté animale sont bien souvent le symptôme d'une violence domestique généralisée – envers les enfants, le conjoint ou les personnes âgées de la famille. De même, les adolescents qui maltraitent des animaux sont davantage susceptibles de comportements antisociaux comme l'intimidation[37].

Comment l'expliquer? On peut commencer par remarquer que comparer un être humain à un animal non humain est une vieille stratégie pour bafouer ses droits fondamentaux: si les juifs sont des rats, il est acceptable de les exterminer; si les prisonniers sont des chiens, on peut bien les traiter sans respect[38].

Autrement dit, en «animalisant» les membres d'un exogroupe – c'est-à-dire d'un groupe étranger, par opposition au groupe d'appartenance ou

---

* Il est d'ailleurs devenu végétarien puis végane après cette expérience.

endogroupe – on les déshumanise. Or, dans un monde spéciste, déshumaniser un individu, c'est justifier la violence à son endroit – un phénomène récurrent dans les crimes de masses et les génocides[39]. Tout se passe comme si, en augmentant le clivage ou la « distance psychologique » qui nous sépare d'autrui, on pouvait étouffer les mécanismes empathiques qui préviennent habituellement la violence.

Mais peut-on expliquer le spécisme qui fonde ces mécanismes psychologiques de déshumanisation ? Une hypothèse intéressante s'appuie sur la théorie de la gestion de la peur (*terror management theory*). Selon cette théorie inspirée des idées de l'anthropologue Ernest Becker, l'être humain est angoissé par l'idée de sa propre mort. Il chercherait donc à nier sa condition de mortel à travers ses croyances religieuses ou culturelles, mais aussi en rejetant ce qui lui rappelle sa condition corporelle – de là, le dégoût et la honte associés au corps et à la sexualité.

Cette tentative d'échapper à la (peur de la) mort serait aussi la source d'un désir : celui de se distancier des autres animaux. Autrement dit, le spécisme ou le suprématisme humain pourraient s'enraciner dans notre peur de mourir et dans le rejet de notre « nature animale ».

Ainsi, dans une expérience, on rappelle (subtilement) à un premier groupe de participants qu'ils vont mourir, tandis qu'on rappelle à un second groupe l'intensité d'un mal de dents. Les deux groupes doivent ensuite évaluer des textes qui insistent soit sur les similarités humain/animal, soit sur les différences. Le premier texte précise par exemple que « la frontière entre les humains et les animaux est bien moins importante que plusieurs ne le croient », là où le second texte explique que « bien que nous ayons certains points communs avec les autres animaux, l'être humain est véritablement unique ». On pose ensuite différentes questions telles que : pourriez-vous bien vous entendre avec la personne qui a écrit le texte ? Est-elle intelligente ? Êtes-vous d'accord avec sa position ? Or, alors que le groupe « mal de dents » évalue de la même manière les deux textes, le groupe « peur de la mort » préfère largement le texte insistant sur la différence humain/animal[40].

Pour les auteurs de l'étude, cela confirme les prédictions de la théorie de la gestion de la peur. Les pensées liées à la mort poussent les gens à se distinguer des animaux. Il est alors tentant d'y voir une des motivations psychologiques du spécisme ou du suprématisme humain.

L'envers de la domination

Vous êtes vous déjà demandé pourquoi les pansements médicaux étaient de couleur rose pâle ? Jusqu'à une date récente, moi non plus.

La domination peut toujours se lire à double sens. D'un côté, c'est la discrimination subie par le dominé ; de l'autre côté, ce sont les bénéfices ou les avantages que d'autres en retirent. Ces bénéfices ou ces avantages constituent ce qu'on appelle des privilèges. Ils sont l'envers de la domination.

Comme l'avait bien vu dès 1910 le sociologue W.E.B. Du Bois – le premier docteur noir diplômé de Harvard –, il y a une asymétrie dans les effets, mais aussi dans la conscience des discriminations raciales. Alors que pour beaucoup de Blancs, les discriminations sont invisibles et ne perturbent en rien leur vie quotidienne, les Noirs doivent au contraire y penser chaque jour. Cette insouciance donnée aux premiers (et refusée aux seconds) fait en quelque sorte partie du « salaire de la blancheur ».

La professeure de littérature Peggy McIntosh reprend cette idée lorsqu'en 1988, elle dresse la liste de 50 privilèges dont elle profite en tant que femme blanche[41]. Elle note, par exemple, qu'on ne lui demande jamais de représenter son groupe racial ou qu'elle peut être quasiment certaine qu'elle sera face à quelqu'un qui lui ressemble si elle demande à parler à la « personne responsable ». Plus généralement, elle n'a pas à craindre qu'elle ou ses enfants soient défavorisés pour accéder à l'éducation, à la justice, à la santé, au logement ou au travail. « Comme personne blanche, je me suis rendu compte qu'on m'avait enseigné que le racisme place les autres dans une situation désavantageuse, mais qu'on ne m'avait pas appris à remarquer son corollaire, le privilège blanc, qui lui me place, moi, dans une position avantageuse[42]. »

Les privilèges, explique encore McIntosh, sont comme un sac à dos invisible et sans poids. Et ce sac est plein d'outils pour mieux se frayer un chemin dans la société : « cartes, passeports, carnets d'adresses, codes, visas, vêtements, outils et chèques en blanc[43] ». Ce sac à dos rend plus léger celui qui

le porte parce qu'il contient des avantages matériels (des possibilités d'emploi, de logement, etc.) et
psychologiques (comme l'estime de soi). Comme
le sac à dos, ces avantages sont souvent invisibles.
Mais ils sont surtout injustes et immérités.

Ainsi, le sexisme et le racisme systémiques qui
infusent nos sociétés – comme dans l'exemple des
joueurs de football – confèrent inévitablement un
avantage relatif aux hommes blancs. Ce qu'il faut
bien comprendre, c'est qu'un homme blanc n'a
pas besoin d'être raciste ou sexiste pour profiter de
sa position dans le système. Qu'il le veuille ou non,
cela lui a facilité la vie. Il profite du simple fait
d'appartenir à un groupe qui définit la norme – et
la couleur des pansements.

Il n'est jamais facile de reconnaître ses propres
privilèges. D'où le slogan qui revient très souvent
dans le discours des militants intersectionnels :
check your privileges (« prend conscience de tes privilèges »). Même une « bonne personne », prête à
reconnaître les désavantages que subissent les groupes opprimés, aura du mal à identifier les avantages relatifs qu'elle en retire. Comment expliquer
cet aveuglement ?

Une des premières raisons vient sans doute
du caractère souvent structurel et donc invisible
des oppressions. Ainsi, lorsque mon CV est choisi
parmi d'autres, je ne pense pas que c'est peut-être
parce qu'un meilleur candidat, mais au patronyme
étranger, a été écarté. Une seconde raison pourrait
être tout simplement un biais de complaisance
(*self-serving*) destiné à préserver l'estime de soi. Car
il est toujours tentant de percevoir sa place dans la

société, surtout si elle est élevée, comme n'étant rien d'autre que l'expression de son propre mérite.

Si le concept de privilège connaît un tel succès ces dernières années*, c'est aussi parce qu'il permet de penser la diversité des oppressions : racisme, sexisme, classisme, hétérosexisme, capacitisme, etc. En réalité, nous avons tous des avantages et des désavantages immérités. Le concept de privilège nous pousse à regarder l'intersection des oppressions et ce qu'elles dissimulent aux uns ou aux autres.

Il permet aussi de donner de la cohérence à une lutte contre plusieurs oppressions. Ainsi, pour l'Australienne Rudy Hamad, auteure et réalisatrice musulmane, la prise en compte des privilèges devrait tôt ou tard mener au véganisme. « Je suis féministe et végane parce que je m'oppose à toute oppression, à toute violence, à toute discrimination. [...] Nous devons examiner notre privilège humain de la même manière que nous examinons le privilège masculin, le privilège racial et le privilège de classe[44]. »

---

* Pour une application du concept de privilège au cas français, voir par exemple : Horia Kebabza, « L'universel lave-t-il plus blanc ? : "Race", racisme et système de privilèges », *Cahiers du CEDREF*, n° 14, 2006, p. 145-172. L'auteure explique ainsi qu'elle a du mal à faire accepter les notions d'intersectionnalité et de privilèges à un proche, militant anarchiste et antiraciste. Pour ce dernier, « l'oppression n'a pas de frontière [...] les opprimés n'ont pas de couleur ». Pour Horia Kebabza, c'est là le symptôme d'un aveuglement au privilège blanc.

L'essence des privilèges

VINE : *Veganism Is the Next Evolution*. Tel est le nom d'un sanctuaire « écoféministe et LGBTQ » situé dans l'État américain du Vermont. On y recueille des animaux qui ont eu la chance d'échapper à l'abattoir ou à d'autres violences – le sanctuaire prend notamment soin d'anciens coqs de combat. On offre à ces rescapés un havre de paix et les conditions requises pour manifester leurs comportements naturels et sociaux.

L'activiste et théoricienne pattrice jones (volontairement sans majuscules) a cofondé ce sanctuaire. D'abord militante féministe et queer, elle en est petit à petit venue au véganisme. De tous les privilèges, remarque-t-elle, le corollaire de l'oppression spéciste, c'est-à-dire le privilège humain, est sans doute le plus difficile à reconnaître. Il n'est pourtant pas douteux qu'en tant qu'humains, nous tirons des avantages, plus ou moins directs, de l'oppression d'autres êtres sensibles (par exemple lorsque nous occupons leur territoire).

Dans ses articles et ses conférences, pattrice jones expose la « logique de la domination[45] ». Le manque d'empathie, le mépris des plus faibles et de l'environnement, le contrôle de la reproduction et du corps d'autrui, le colonialisme, le traitement des problèmes de façon abstraite plutôt qu'en contexte, la valorisation des hiérarchies, de la violence et de la prédation : tous ces éléments formeraient un système. Dès lors, le mouvement végane devrait travailler de concert avec les autres mouvements de libération, car « pour démanteler une structure, ce qu'il faut faire, c'est s'attaquer aux articulations[46] ».

En France, c'est probablement chez le philosophe Yves Bonnardel[47] qu'on trouvera l'écho le plus direct à ces préoccupations intersectionnelles. Avec son parcours atypique, très en marge du ronronnement académique et médiatique, Bonnardel propose une réflexion morale et politique qui compte parmi les plus stimulantes du monde francophone.

Défenseur de la cause animale depuis vingt-cinq ans – proche du mouvement libertaire* et des *Cahiers antispécistes* –, celui qui se définit avant tout comme un militant égalitariste n'a de cesse d'insister sur la dimension politique du spécisme : « Je me bats contre les dominations et discriminations, et contre les idéologies qui tentent de les justifier et de les rendre socialement acceptables, et cela dans des sociétés qui sont pourtant censées être fondées sur la notion d'égalité[48]. »

Tout comme chez pattrice jones, le racisme, le sexisme, le spécisme ou l'âgisme sont des discriminations qui procèdent pour Bonnardel d'une logique commune. Elles s'inscrivent dans la grande opposition entre deux pôles ou deux règnes : « l'un, règne de liberté et d'individualité, de dignité

---

   * Il existe une tradition libertaire méconnue mais ancienne de sensibilité à la cause animale : des écrits de Louise Michel et d'Élisée Reclus, jusqu'au mouvement des « Volxküche », ces cantines *freegan* de la scène autonome allemande, en passant par le mouvement naturien et le foyer végétalien fondé en 1923 à Paris par les anarcho-individualistes Georges Butaud et Sophia Zaïkowska. Il se développe même depuis quelques années un mouvement véganarchiste.

exclusive, l'autre, royaume du déterminisme et de la fonctionnalité, de l'absence de valeur propre[49].» Cette opposition s'exprime par exemple lorsqu'on rabaisse quelqu'un en le comparant à un animal (sale chien) ou en lui attribuant une pensée animale (l'intuition féminine). Comme le remarque Bonnardel, de façon générale, les dominés sont davantage perçus comme des «êtres de nature». Cette opposition humanité/nature définirait alors une hiérarchie qui assigne à chacun sa «place» et détermine la valeur de chaque individu – qu'il soit humain ou pas.

Au sommet de la hiérarchie, trône un représentant privilégié de l'espèce *Homo sapiens*, à savoir l'homme blanc, adulte et hétérosexuel. Il est aussi propriétaire, socialement bien placé, éduqué et cisgenre (non transgenre). Il parle la même langue que la majorité des citoyens de son pays et ne pratique pas une religion minoritaire. Il n'a ni handicap, ni problèmes de santé physique ou mentale.

On devine que le «mâle hétéro blanc» n'a pas tellement envie de quitter le *penthouse* de la hiérarchie sociale. Il préfère donc penser que sa place ne découle pas de son festival de privilèges, mais qu'elle est au contraire méritée. Parce qu'il le vaut bien.

D'un point de vue démographique, le «mâle hétéro blanc» est évidemment minoritaire. D'un point de vue symbolique ou téléologique, en revanche, il n'en définit pas moins une norme dont il est difficile de se déprendre. Car cette norme désigne en quelque sorte un idéal auquel ressembler, un but, un *télos* – c'est une norme téléologique.

Au fond, pour Bonnardel, l'essence des privilèges, c'est notre manie d'attribuer des essences. S'il est dans la nature des femmes d'enfanter, alors il sera contre nature qu'elles n'aient pas d'enfant. En effet, donner une essence, c'est aussi assigner un rôle, une fonction et, bien souvent, une place dans la hiérarchie « naturelle ».

> Le plus souvent, ce qui est perçu comme naturel n'est en réalité que ce qui est habituel ou admis dans une société donnée – en particulier chez ceux qui s'y trouvent en position dominante : lorsque ce n'est plus par droit divin, c'est par un fait de nature que les adultes ont le devoir de régir la vie des enfants, les hommes de diriger celle des femmes, les Blancs de « civiliser » les Noirs ou les autres « races », les humains de régner sur les autres « espèces », etc.[50]

Bonnardel suggère aussi que le respect pour la nature est d'ordre religieux. Ce respect pour ce qui est « dans l'ordre des choses » a pour corollaire une défiance envers ce qui est « contre nature* ». Cet usage normatif de l'idée de nature est même à tel point prégnant, selon Bonnardel, que nous devrions renoncer à évoquer la nature lorsqu'on parle de moralité. On s'éviterait ainsi beaucoup de sophismes naturalistes.

---

* Il y a sans doute un lien à faire avec ce que le psychologue moral Jonathan Haidt identifie comme la « fondation morale » de la pureté et du dégoût, qui expliquerait plusieurs tabous et serait davantage sollicitée chez les personnes conservatrices. Voir, par exemple, Martin Gibert, « Comment peut-on être de droite ? », *Nouveau Projet*, n° 2, septembre 2012.

Je crois que ces réflexions sur l'intersectionna-lité marquent une étape cruciale dans l'évolution du véganisme. Tout végane devrait par exemple s'opposer aux produits issus de l'exploitation d'êtres humains (l'ONU estime le nombre actuel d'esclaves à 40 millions) et dénoncer les messages antiviande qui jouent sur le sexisme ou sur le racisme[51].

C'est avec raison qu'on a pu critiquer la plus importante organisation mondiale pour la défense des animaux, PETA (Pour une éthique dans le trai-tement des animaux). En utilisant des stéréotypes sexistes dans certaines de ses campagnes publici-taires, elle témoigne de son ignorance de l'intersec-tion des oppressions. Car, qu'on le veuille ou non, réduire une personne à son sexe ou à son groupe ethnique, c'est l'essentialiser. C'est ignorer sa per-sonnalité, son individualité, son autonomie.

En un sens, les véganes sont des personnes qui ont pris conscience de leur privilège humain. On peut et on doit le saluer, car cela requiert un cer-tain effort de perception morale. Mais penser le spécisme comme l'expression d'une logique plus large et d'une trame plus complexe devrait aussi conduire ces personnes à identifier leurs autres privilèges.

Si j'essaye, par exemple, d'analyser mon propre « devenir végane », je dois bien avouer qu'il est jalonné de privilèges. J'ai d'abord eu la « chance » de rencontrer les arguments. Mais cette chance m'a été donnée par mes privilèges de « bon élève » qui fait des études universitaires et développe sa curio-sité morale. C'est aussi mon appartenance à un certain groupe social qui m'a fait rencontrer les bonnes personnes.

En fait, tout cela ne serait probablement pas arrivé si j'avais été une mère célibataire immigrée. De même, j'appartiens à ce groupe d'humains qui ne craint pas de déroger (un peu) aux normes sociales. Ce qui peut se traduire simplement : j'ai confiance en moi. Mais cette confiance n'a rien de naturel ou de « mérité ». J'ai confiance en moi parce que je me retrouve facilement dans le modèle du « mâle hétéro blanc » qui domine les diverses représentations médiatiques de ce qu'il faut être.

Connaissant les arguments et ne craignant pas de les mettre en pratique, j'ai enfin le privilège de pouvoir défendre une position très minoritaire. Je peux facilement maintenir ma résolution de devenir végane. Ma parole est a priori légitime : je suis un homme, j'enseigne la philosophie et je connais la littérature en éthique animale. Je peux répondre au mâle alpha végéphobe qui s'énerve de voir sa domination contestée quand on lui rappelle son privilège humain. J'ai même écrit un livre.

Les idéologies de droite et le coût humain du spécisme

Comme on a pu le voir, de Lévi-Strauss et de Carol J. Adams à pattrice jones et Yves Bonnardel, celles et ceux qui réfléchissent à nos violences spécistes les situent dans une logique générale de domination. Mais ont-ils raison ? Avons-nous des preuves empiriques d'une connexion entre les oppressions que subissent les humains et les autres animaux ?

Existe-t-il des liens de causalité entre les oppressions inter et intra-spécistes?

Depuis quelques années, les chercheurs explorent une hypothèse très prometteuse. Le point de départ est un constat. Il existe une corrélation entre le fait de soutenir l'exploitation animale, la consommation de viande et l'orientation «autoritaire de droite[52]». Cette orientation idéologique se définit par une valorisation du conformisme et de la soumission à l'autorité.

Ainsi, selon une étude néo-zélandaise, les omnivores endossent davantage les dominations hiérarchiques que les végétariens et les véganes. De leur côté, ces derniers valorisent davantage que les omnivores leurs émotions, l'égalité, la paix et la justice sociale[53].

Les chercheurs en psychologie Kristof Dhont et Gordon Hodson ont essayé de comprendre ce lien entre une idéologie de droite et le carnisme. Ils ont demandé à des étudiants belges de remplir des questionnaires afin d'évaluer leur «autoritarisme de droite» (par exemple: «l'obéissance et le respect de l'autorité sont les vertus les plus importantes qu'on devrait enseigner aux enfants») et leur «orientation à la dominance sociale», c'est-à-dire la tendance psychologique à justifier les hiérarchies sociales (par exemple: «certains groupes ne sont tout simplement pas égaux aux autres»).

Ils ont ensuite mesuré la crainte d'une «menace végétarienne» («la montée du végétarisme met en danger les coutumes de notre pays», «le végétarisme a une influence négative sur l'économie belge»), l'adhésion à la thèse de la «suprématie humaine» («les animaux sont inférieurs aux humains», «il n'y a absolument rien d'inacceptable dans le fait que les humains dominent les autres espèces»), l'acceptation de l'«exploitation animale» («les tests sur des animaux comme les lapins pour des produits cosmétiques ou des produits d'entretien ne sont pas nécessaires et devraient être interdits»). Qu'en ressort-il? «Les idéologies de droite permettent de prédire l'adhésion à l'exploitation et à la consommation[*] de produits animaux par le truchement de deux processus psychologiques: d'une part, à travers la menace que les idéologies des droits des animaux font peser sur l'idéologie carniste dominante et, d'autre part, à travers la croyance en la supériorité de l'homme sur l'animal[54].»

Le lien entre l'adhésion au suprématisme humain et la tendance à la dominance sociale me semble particulièrement intéressant. Il fait écho à d'autres recherches sur les liens entre le spécisme et le racisme. En effet, on sait que les personnes racistes ont aussi tendance à être spécistes[†]. Or, il a été montré que l'orientation à la dominance sociale

---

[*] Cette prédiction demeure même lorsqu'on contrôle le goût hédoniste pour la viande: autrement dit, ce n'est pas parce que les personnes de droite apprécient davantage la viande qu'elles soutiennent plus l'exploitation animale.

[†] On mesure le spécisme en demandant aux participants leur degré d'accord avec des propositions comme: «l'utilisation d'animaux dans les cirques et les rodéos est cruelle», «produire de la viande, des œufs et du lait bon marché est une raison suffisante de maintenir les animaux dans des locaux surpeuplés». Sur cette question, voir également Jonathan Fernandez, «Spécisme, sexisme et racisme: idéologie natura-

était la variable qui expliquait le mieux cette corrélation[55]. Pour le dire simplement, c'est parce que
les gens légitiment l'existence des hiérarchies
sociales qu'ils adhérent aussi au racisme et au spécisme.

À l'université Brock en Ontario, la chercheure
Kimberly Costello a développé un « modèle inter-
spécifique des préjugés » selon lequel plus les gens
perçoivent les animaux comme différents et inférieurs, plus ils se représentent certains groupes
humains comme des animaux. Il s'ensuivrait des
préjugés (et des préjudices) contre ces groupes qui
ne sont « pas tout à fait humains » ou « pas humains
comme nous ».

Ainsi, plus des étudiants défendent la thèse
de l'exception humaine, moins ils attribuent à
des immigrants (c'est-à-dire aux membres d'un
exogroupe) des caractéristiques typiquement
humaines[56] : par exemple la capacité d'éprouver
des émotions comme l'espoir ou la gratitude, par
opposition à des émotions de plus « bas niveau »
comme la peur ou la joie. À l'inverse, lorsqu'on
induit, chez les participants, l'idée que les animaux
ressemblent aux humains, ils manifestent moins de
préjugés déshumanisants envers les immigrants.

De même, une autre étude indique que des
enfants canadiens blancs ont davantage de préjugés envers les enfants noirs lorsqu'ils ont des
croyances marquées sur la division humains/ani-
maux[57]. Pour Kimberly Costello et Gordon Hodson,
c'est un indice que la dévaluation des animaux a

---

liste et mécanismes discriminatoires », *Nouvelles Questions
Féministes*, à paraître.

un coût humain. Après avoir rappelé la fameuse phrase d'Adorno selon laquelle «Auschwitz commence lorsque quelqu'un regarde un abattoir et pense: ce ne sont que des animaux», ils poursuivent:

> Il semble que l'intuition d'Adorno était bonne: la déshumanisation des exogroupes est largement motivée par le sens que nous avons de notre supériorité sur les animaux, de notre plus grande importance et de notre plus grande valeur. Mais cela ne «fonctionne» qu'à condition d'admettre que les animaux ont intrinsèquement une valeur inférieure. Heureusement, ces découvertes montrent aussi la manière de réduire la déshumanisation[58].

Mettre l'accent sur les similarités entre les humains et les autres animaux a aussi pour effet de réduire les préjugés à l'endroit des humains les plus différents. Autrement dit, en luttant contre le suprématisme humain on lutte aussi, par exemple, contre le suprématisme blanc.

Tout se passe donc comme si, en opposant l'homme aux autres animaux, on tirait en même temps sur les deux extrémités d'un élastique, celui de la hiérarchie sociale. Mais ce faisant, comme des repères sur un élastique qui s'éloignent les uns des autres lorsqu'on le tend, on exacerbe aussi les hiérarchies, les préjugés et les oppressions intrahumaines.

*

* *

Sexisme, racisme, spécisme, capacitisme, hétéro-sexisme, etc. : les diverses oppressions répondent-elles à une logique commune? Les plus récentes recherches en psychologie sociale tendent en tout cas à le montrer. Et comme le suggère ma méta-phore de l'élastique, c'est peut-être le principe de hiérarchisation qui est au cœur du dispositif.

Ce qu'il faut comprendre, c'est que toutes les hiérarchies (légitimes ou non) peuvent être exacerbées lorsqu'on les polarise selon le clivage humain/animal. L'exception humaine et le supré-matisme humain (ou le spécisme) donnent l'exem-ple et des ressources aux autres oppressions. Ils favorisent les préjugés racistes et permettent de dévaluer les femmes comme étant « plus animales et proches de la nature » que les hommes.

Carol J. Adams, la première, constate que toutes les oppressions sont dans le même panier : le sexisme et le spécisme suivent des logiques ana-logues. pattrice jones systématise le modèle de la communauté des oppressions : les concepts d'in-tersectionnalité et de privilège permettent de mieux comprendre les multiples dimensions de la domination et d'identifier le sommet de la pyra-mide – l'homme blanc, hétéro, de classe supérieure. Yves Bonnardel, enfin, rappelle comment les dis-cours qui justifient l'opposition passent en contre-bande des normes téléologiques (les femmes sont faites pour enfanter, les animaux pour être man-gés, etc.) qui ont pour fonction d'entériner les hié-rarchies et de sanctifier le statu quo.

Si les croyances idéologiques que mesure l'orientation à la dominance sociale et à l'autoritarisme de droite semblent favoriser le spécisme et le suprématisme humain, c'est encore parce qu'elles valorisent le respect des hiérarchies. La logique de la domination est indissociable d'un espace social hiérarchisé. Voilà pourquoi, en prônant l'égalitarisme (Bonnardel) ou la lutte aux intersections (jones), on vise le cœur du dispositif.

Qu'on l'appelle humanisme exclusif, spécisme ou suprématisme humain, l'idéologie qui consiste à assumer que l'homme est « par essence » ou « naturellement » supérieur aux autres animaux fonde et structure des oppressions au sein de l'espèce humaine. C'est ce qu'on peut nommer l'argument indirect pour le véganisme : si vous ne voulez pas être végane pour les animaux, soyez-le au moins pour combattre les oppressions humaines.

L'argument indirect est faible. Car même si l'oppression des animaux était sans conséquence sur celle des humains, elle n'en serait pas moins injuste. Comme le rappelle souvent Valéry Giroux, les droits des animaux doivent être fondés sur *leurs* intérêts, pas sur les nôtres. Il n'empêche que c'est plutôt une bonne nouvelle pour tout le monde que les différentes oppressions fassent système. Cela signifie que plus nos connaissances s'améliorent, plus les activistes vont pouvoir s'échanger des outils.

Quant à la condamnation du véganisme au nom de l'humanisme, il devrait maintenant être clair qu'elle est sans fondement solide. Elle procède en réalité d'une confusion conceptuelle, d'une théorie naïve de l'empathie et d'un penchant psychologique pour la domination et le respect des hiérarchies.

Opposer l'humanisme au véganisme, c'est le confondre allègrement avec le suprématisme humain, alors qu'il existe, depuis longtemps, une tradition humaniste inclusive et soucieuse des plus vulnérables. C'est aussi adhérer sans réserve à la théorie des vases communicants, alors que l'empathie est bien plutôt une disposition qui s'use lorsqu'on ne s'en sert pas. C'est enfin ignorer l'argument indirect.

En fin de compte, si le véganisme est un humanisme, c'est parce que les discriminations s'abreuvent aux mêmes sources. Il y a bien une communauté des oppressions. L'abolition des abattoirs peut et doit s'accompagner de celle des autres privilèges. La logique de la domination enjambe les frontières de l'espèce. C'était déjà le constat de la féministe libertaire Louise Michel, mais aussi l'espoir du romancier Émile Zola.

Et plus l'homme est féroce envers la bête, plus il est rampant devant les hommes qui le dominent.

Louise Michel[59]

Si tous les hommes doivent être heureux un jour sur la terre, soyez convaincus que toutes les bêtes seront heureuses avec eux. Notre sort commun devant la douleur ne saurait être séparé, c'est la vie universelle qu'il s'agit de sauver du plus de souffrance possible.

Émile Zola[60]

UNE QUESTION DE PROGRÈS MORAL

7 juillet 2113, Berlin, Allemagne. La ministre de la Condition animale arrive devant le bâtiment, serre plusieurs mains, puis monte sur l'estrade. Tandis que la prothèse en fibre de carbone qui lui tient lieu de main gauche diffuse une légère lumière bleutée, elle s'éclaircit la voix et entame son discours.

« Chères concitoyennes, chers concitoyens, au nom du ministère, au nom de toute l'équipe je voudrais d'abord vous remercier d'être venus en si grand nombre. Je suis émue de vous voir, je suis émue d'être là, et je suis émue lorsque je pense à tout le travail qui a été accompli. À vrai dire, je ne sais pas si tout ce cérémonial est approprié. N'est-ce pas un peu ridicule que cet hommage que nous nous apprêtons à rendre aux autres animaux ? Peut-être. Mais comment faire autrement ?

« Je n'ai pas l'habitude de parler de moi en public, mais permettez-moi une exception – et à bien des égards, cette journée est exceptionnelle. Permettez-moi d'évoquer un souvenir d'enfance. C'est celui du vote de la Loi sur l'abolition des abattoirs. Mes trois parents, des militants de longue date pour les droits des animaux, attendaient la nouvelle avec impatience. C'était un chapitre de leur vie qui se refermait. J'avais à peine six ans. Je ne me rendais pas vraiment compte, mais je sais que quelque chose devint soudain plus léger.

« Aujourd'hui, nous nous apprêtons à tourner une nouvelle page. Nous sommes réunis pour inaugurer ce mémorial européen du zoocide. Nous sommes au seuil d'un lieu de recueillement. Comme vous le savez, il y a moins d'un siècle, on a exécuté – ici même, derrière moi – des centaines de milliers de bœufs, de veaux et de vaches. Chaque jour, des individus singuliers, des êtres sensibles, disparaissaient dans cette machine à tuer. Ils agonisaient derrière ces murs sans fenêtres. Et la seule justification de leur mise à mort ? Ils n'étaient pas de notre espèce. Ils n'étaient pas assez comme nous.

« Ce lieu de mémoire sera aussi un lieu de savoir. Le mémorial accueillera l'Institut d'histoire du spécisme où pourront collaborer des chercheurs du monde entier. Je dois avouer que le volet destiné aux scolaires me tient particulièrement à cœur. Car si nous nous sommes débarrassés des abattoirs, nous ne nous sommes, hélas, pas encore débarrassés du spécisme.

« Il survit en chacune et chacun, comme survit l'appétit pour la dominance sociale et ses privilèges. Vous le savez comme moi, le sexisme et l'hétérosexisme ont pratiquement disparu. Mais, à bien des égards, nous ne sommes pas différents de nos ancêtres carnistes. Nos biais cognitifs continuent de nous jouer des tours. Comme disait l'autre, notre perception morale est cabossée.

« Pour finir, je dirais que la leçon de l'histoire doit aussi en être une d'humilité. Aujourd'hui, nous allons entrer en silence dans ce lieu de mémoire – la mémoire douloureuse de l'un des pires crimes collectifs perpétrés sur Terre. Nous allons prendre le chemin des vaches. Nous allons voir les appareils de contention et les rigoles d'évacuation du sang. Nous n'entendrons pas les cris de terreur ni ne respirerons l'odeur des viscères. Mais nous pourrons l'imaginer. Et je suis certaine que nous éprouverons de la honte. Je nous souhaite d'y puiser la force et la volonté de respecter davantage les communautés animales.

« Prenez soin de vous et prenez soin des autres. »

Le dernier arrêt avant la révolution ?

Verra-t-on un jour la fermeture des abattoirs ? L'humanité est-elle capable d'une « révolution végétarienne* » ? Ces questions sont celles du progrès moral. Elles ont récemment suscité plusieurs recherches. L'une des plus stimulantes – et massives – est celle du psychologue américain (né à Montréal) Steven Pinker, professeur à Harvard et spécialiste de linguistique, de sciences cognitives et de psychologie évolutionniste.

Dans son livre *The Better Angels of Our Nature*[1], publié en 2011, il soutient que la violence a diminué – à divers niveaux – au cours de l'histoire

---

* J'emprunte l'expression à Thomas Lepeltier, *La révolution végétarienne*, Auxerre, Éditions Sciences Humaines, 2013.

humaine. Reprenant en partie les thèses du socio-logue allemand Norbert Elias sur le «processus de civilisation», Pinker documente minutieusement ce déclin. Il se pourrait bien que l'humanité vive actuellement la période la moins violente de son histoire. Dire cela, bien sûr, ce n'est pas dire que les choses vont nécessairement continuer ainsi. Ce n'est pas non plus nier toutes les atrocités qui se perpétuent à l'heure actuelle de par le monde.

Pourtant, les faits sont là. On sait par exemple que le taux de mortalité par homicide, qui était de 15 % dans la préhistoire, a progressivement dimi-nué, pour atteindre 0,001 % dans l'Europe contem-poraine. De même, on constate, au cours de l'histoire, l'abandon progressif des châtiments corporels, l'inclusion des «minorités» (femmes, enfants, homosexuels) ou le recul des idéologies oppressives (racisme). Selon Pinker, plusieurs facteurs expliqueraient ce déclin de la violence: l'émergence des États qui assurent plus de sécurité, le développement du commerce qui favorise la coopération, la place accrue des femmes dans toutes les sphères de la société, une meilleure prise en compte «cosmopolitique» de la perspective des autres, et même une amélioration de nos capacités de raisonnement.

Dans la section de son livre qu'il consacre au déclin des violences infligées aux animaux, Pinker rappelle comment notre sensibilité à leur endroit – notre empathie – s'est progressivement déve-loppée. Dans le passé, nos ancêtres pouvaient avoir des pratiques extrêmement cruelles: il fut un temps où clouer un chat sur un poteau ou le brûler vivant était socialement acceptable. Depuis les premières ligues antivivisection et l'apparition des sociétés pour la prévention de la cruauté en Angleterre au XIXᵉ siècle, jusqu'au recul des « sports sanglants » (*bloodsport*) comme la chasse, la pêche, les combats de chiens, de coqs ou la corrida, le changement est incontestable. Au cinéma, il existe même un label pour informer les spectateurs qu'« aucun animal n'a été maltraité durant le tournage ».

Faut-il en conclure qu'il y a effectivement eu un progrès pour les animaux ? Sommes-nous aujourd'hui moins violents qu'hier à leur endroit ? Dans une tribune du *Guardian*[2], Peter Singer offre une réponse nuancée. Il rappelle d'abord que, lorsqu'il a publié *La libération animale,* en 1975, il était persuadé que des changements allaient avoir lieu rapidement, tant ses arguments étaient solides.

Ce n'est manifestement pas arrivé. Au contraire, d'un point de vue global, nous tuons de plus en plus d'animaux : « c'est parce qu'il y a plus de gens riches dans le monde qu'auparavant, et le fait de satisfaire leur demande en viande signifie un vaste développement des élevages industriels ». De plus, faut-il le rappeler, le réchauffement climatique a aussi des conséquences considérables sur la vie et la mort des animaux sauvages. Pour un conséquentialiste comme Peter Singer, on ne peut pas dire qu'il y ait eu progrès : il y a plus de souffrance animale qu'il n'y en a jamais eu.

Toutefois, ajoute Singer, cela ne signifie pas que le mouvement pour la défense des animaux est inefficace. Il contribue assurément à l'extension du « cercle de la moralité ». On désigne par là

l'ensemble des entités qu'on juge dignes de considération morale. On peut donc – en simplifiant un
peu – décrire le progrès moral de l'humanité
comme l'intégration des femmes, des enfants, des
étrangers, des esclaves et de diverses minorités au
sein du cercle de la moralité.

L'extension de ce cercle dépend bien sûr largement de notre perception morale. Voyons-nous,
oui ou non, les esclaves comme des personnes? Voyons-nous les privilèges et les victimes invisibles? Les différences d'orientation sexuelle, d'identité de genre, d'âge, de «race», de capacité ou d'espèce sont-elles moralement pertinentes lorsqu'on parle de droits fondamentaux? Voyons-nous l'animal mort derrière le steak?

Déjà, dans *La libération animale*, Peter Singer notait l'importance de la perception morale:

> Tuer des animaux pour s'en nourrir (sauf lorsque cela est nécessaire à la simple survie) nous amène à voir en eux des objets dont nous pouvons nous ser-vir tranquillement pour nos propres fins accessoires. Compte tenu de ce que nous savons de la nature humaine, tant que nous persisterons à voir les ani-maux de la sorte, nous ne réussirons pas à changer les attitudes qui, lorsqu'elles sont mises en pratique par les êtres humains ordinaires, conduisent au manque de respect – et donc aux mauvais traite-ments – envers les animaux[3].

On peut ainsi émettre au moins deux hypothèses sur la nature du progrès moral. Selon la première, seule importe la quantité de souffrance animale. Et les obstacles à une véritable amélioration semblent insurmontables. Selon une seconde hypothèse, moins pessimiste, la tension qui existe entre notre sensibilité à l'égard des animaux et la réalité du zoocide va continuer de s'accentuer. La dissonance cognitive va devenir chaque année un peu moins supportable. La raison va se faire entendre.

Cette hypothèse optimiste est celle que font de nombreux véganes qui, de Melbourne à Tel-Aviv et de Pékin à Portland, militent pour une compréhension inclusive de la justice. Les doigts dans la farine ou sur un clavier, ils s'activent, ils s'informent, ils éduquent. Ils nous font entrevoir l'horizon d'un progrès moral. Or, il n'est pas déraisonnable de penser que la mobilisation puisse porter ses fruits. Dès lors, pourquoi ne serions-nous pas en train d'arriver à ce point où les luttes s'entrecroisent et convergent ? Au seuil d'une vaste révolution morale. Le dernier arrêt avant la révolution.

Peut-on ne plus voir les animaux comme des steaks ?

Dans ce livre, j'ai voulu aborder notre rapport aux animaux sous l'angle de la psychologie morale. J'ai essayé d'être objectif dans la présentation des faits, mais je n'ai pas non plus caché mon engagement pour le véganisme. Une telle pression idéologique s'exerce sur la question des animaux qu'il est de toute façon difficile de rester neutre. Accepte-t-on, oui ou non, de voir la situation à travers le prisme du carnisme ambiant ?

Pour ma part, j'ai choisi d'aborder la question dans une perspective non spéciste. C'est mon principal présupposé normatif. Cette approche fait d'ailleurs consensus chez les philosophes qui réfléchissent à ces questions et c'est aussi celle de nombreux militants contre les oppressions. Si je suis engagé, c'est parce que je crois que, aussi bien en éthique animale qu'en éthique environnementale, les arguments en faveur du véganisme sont extrêmement solides.

Quoi qu'il en soit, à l'ère de l'anthropocène, comprendre le paradoxe de la viande devient urgent. Car nous avons un vrai problème avec le réchauffement climatique. Nous devons réagir vite. Et si la consommation de produits d'origine animale est une partie du problème, alors le véganisme doit faire partie de la solution*. Qu'on soit omnivore, locavore, flexitarien, végétarien ou végane, nous sommes tous dans le même bateau. Et il est en train de couler. Comment, dans ces conditions, ne pas faire la promotion du véganisme?

Expliquer pourquoi nous avons des réticences à considérer les intérêts des animaux est une question à la fois simple et complexe. En effet, on pourrait n'y voir que la confirmation du peu de poids que les gens accordent aux raisons morales. C'est une hypothèse un peu cynique: l'être humain serait un animal qui ne voit pas plus loin que son intérêt individuel. Or cesser d'exploiter les autres animaux a un coût; cela demande de changer ses habitudes,

---

* Même les experts du NASDAQ envisagent sérieusement l'hypothèse d'une « mort de la viande ». Voir « How the "Death of Meat" Could Impact Your Portfolio », *Street Authority,* 22 janvier 2015, (www.nasdaq.com/article/how-the-death-of-meat-could-impact-your-portfolio-cm43560)

de renoncer à une partie de la palette gustative, mais aussi d'assumer un certain rôle social.

Si, comme le suggèrent certaines théories, l'être humain est essentiellement mû par un calcul coût/avantage et vise à satisfaire ses préférences, alors il n'a effectivement pas grand-chose à gagner à faire preuve de considération morale envers l'animal qui est devenu son steak. Il est parfaitement possible que ce calcul soit l'explication ultime de nos réticences morales.

Après tout, on sait que manger est un comportement essentiel pour la survie de l'individu et la réplication de ses gènes. Au cours de l'évolution, la sélection naturelle a associé la nourriture à de fortes sensations de plaisir*. Il n'est dès lors pas étonnant que le circuit de la récompense trépigne à la vue d'un cheeseburger. S'il nous est difficile de renoncer au steak – et facile de remettre au lendemain la décision de ne plus en manger –, ce serait donc parce qu'il nous est difficile de lutter contre ce mécanisme ancestral. En un sens, ce que dit cette hypothèse est assez simple. Nous n'accordons pas de droits aux animaux par gourmandise.

L'hypothèse est toutefois trop simple pour être complètement vraie. Ce que nous apprend la psychologie morale, c'est que nous sommes parfois capables d'agir pour des raisons morales. Mais de nombreux facteurs compliquent le tableau. Nos raisonnements et nos intuitions sont facilement

---

* Pour en savoir plus sur les centres du plaisir, le circuit de la récompense et le rôle de la dopamine, voir les explications sur l'excellent site web *Le cerveau à tous les niveaux*: www.lecerveau.mcgill.ca.

biaisés. Des choses aussi arbitraires qu'une odeur de croissants chauds, l'appartenance à un groupe ou un sentiment de dégoût influencent significativement nos jugements moraux.

Ainsi, une part importante des réticences à l'égard du véganisme s'explique grâce à la théorie de la dissonance cognitive. Comment aimer à la fois les animaux et les ailes de poulet frites ? Ici, les lois de la psychologie n'aident pas beaucoup la cause animale : il existe de nombreuses façons de dissoudre le paradoxe de la viande sans cesser d'en manger.

S'il est souvent difficile de faire entendre des arguments moraux, c'est aussi parce que nous sommes très doués pour trouver toutes sortes de justifications à nos désirs. Une expérience assez spectaculaire utilise la suggestion hypnotique pour le montrer. On induit chez certains participants une association entre l'émotion de dégoût et le mot « souvent »[4]. Après la sortie de l'hypnose, on demande aux participants de porter un jugement moral sur un personnage fictif. Il s'agit de Dan, un étudiant à qui il arrive une histoire sans grand intérêt, mais qui est parfois décrit comme « animant des discussions » et parfois comme « animant souvent des discussions ». Dans le second cas, non seulement les participants ont une mauvaise opinion de Dan, mais beaucoup justifient cette intuition « rationnellement » : « je suis sûre qu'il est en train de manigancer quelque chose » ; « je n'aime pas ce genre d'étudiant prétentieux ».

Pour le psychologue Jonathan Haidt, c'est une des preuves que nos « arguments » ne sont bien

224

souvent que des justifications *post hoc* (rétrospectives); ils sont à la traîne de nos émotions. Les raisons que l'on se donne visent surtout à se persuader que nos intuitions initiales étaient bonnes. Il est très probable que ce type de mécanisme soit à l'œuvre lorsque les gens « débattent » pour savoir s'il est acceptable de manger des animaux.

Un dernier facteur me semble mériter l'attention. C'est le rôle de ce qu'on nomme la « douleur sociale ». L'expression désigne toutes les formes de souffrances (psychologiques) liées à nos interactions sociales, telles que la honte, la gêne, le deuil, le chagrin d'amour ou le sentiment d'être rejeté. C'est la souffrance de celui qui est choisi en dernier lorsqu'on fait les équipes au cours de gym. De nombreuses expériences attestent qu'il s'agit d'une douleur tout à fait réelle. Ainsi, les recherches en neuro-imagerie concluent qu'on ne perçoit pas de différence entre la douleur physique et la douleur sociale. Oui, ça fait vraiment *mal* d'être choisi en dernier !

Pour le psychologue Matthew Liebermam, un spécialiste du sujet, « notre sensibilité à l'exclusion sociale est à tel point centrale pour notre bien-être que notre cerveau la traite comme un événement douloureux, que cette exclusion ait ou non de l'importance[5] ». C'est pourquoi le carnisme ambiant et sa branche armée, la végéphobie, rendent non seulement difficile, mais encore douloureuse, l'adoption de certaines normes morales.

En réalité, le conformisme et sa force d'inertie s'exercent beaucoup plus que nous ne voulons bien l'admettre. La fameuse expérience d'Asch en

1951 montre l'influence du groupe sur nos décisions : nous sommes littéralement prêts à renoncer à ce que nous voyons par crainte de l'ostracisme. C'est l'évidence : il n'est pas facile de voir son steak comme un animal mort quand les autres n'y voient que du feu.

Bref, pour qui veut comprendre les obstacles au véganisme, la gourmandise n'est certainement pas le fin mot de l'histoire. Il faut compter avec la douleur sociale. Il faut compter avec les normes sociales. Car, en fin de compte, ne plus voir les animaux comme des steaks vivants, cela suppose de briser un certain conformisme. Et mine de rien, ce n'est pas rien. La bonne nouvelle, c'est que la perception morale peut s'élargir*. Et que les normes sociales, c'est comme les grille-pains hors d'usage, ça peut se remplacer.

Pouvez-vous répéter la question ?

Je le disais en introduction : j'ai écrit ce livre pour comprendre comment des gens qui sont habituellement sensibles à la justice sociale restent indifférents au sort des animaux. Pourquoi la militante anarchiste qui discute avec David Olivier se

---

* Et il n'est pas besoin pour cela d'avoir une majorité de personnes désirant changer la norme. Des chercheurs américains ont analysé divers réseaux sociaux pour déterminer le « point de bascule » du changement social. Leur conclusion ? Dix pour cent de personnes fortement convaincues suffisent à faire basculer l'opinion. Voir « Minority Rules : Scientists Discover Tipping Point for the Spread of Ideas », *Science Daily*, 26 juillet 2011, (www.sciencedaily.com/releases/2011/07/110725190044.htm).

cramponne-t-elle à une position dogmatique («pour moi, c'est comme ça»)? Comment expliquer la désaffection de la gauche à l'endroit des animaux?

Le plus probable, c'est qu'il ne faut pas chercher du côté des idéologies. Les gens de gauche ne sont pas différents de leurs concitoyens: ils grandissent dans une société carniste et ils craignent le rejet social. Ils sont aussi tout à fait capables de se trouver plein de bonnes raisons pour succomber au plaisir gustatif. Voilà l'explication de base. Il est tout à fait possible qu'elle soit suffisante dans le cas de la militante anarchiste.

Mais on peut répéter la question. On peut se demander comment une personne qui a pris conscience de ses privilèges et qui s'engage sincèrement pour la justice sociale, comment une telle personne peut rester insensible à la cause animale. Dans un article paru en 2014[6], Will Kymlicka et Sue Donaldson se posent eux aussi la question* : pourquoi les animaux sont-ils ces «orphelins de la gauche»? La cause animale a pourtant des racines évidentes dans le mouvement progressiste. Pourquoi la gauche politique ne s'en est-elle jamais emparée?

Ce que soutiennent les auteurs de *Zoopolis*, c'est que la gauche a peur de se priver d'un de ses arguments favoris: il faudrait venir en aide et

---

* Merci à Andrée-Anne Cormier et à Christiane Bailey de m'avoir aiguillé vers ce texte. Christiane l'évoque d'ailleurs dans sa conférence «Sexisme, racisme et spécisme: intersection des oppressions», dont une transcription est disponible sur www.christianebailey.com.

donner des droits aux plus vulnérables des humains, quels que soit leur sexe, race, etc., *parce que ce ne sont pas des animaux.* Autrement dit, la gauche utilise depuis longtemps les animaux non humains comme un repoussoir et un terrain de compromis : ce n'est pas la domination et l'exploitation *en soi* qui sont mauvaises, c'est la domination et l'exploitation *des humains.*

En fait, Karl Marx lui-même croyait à la thèse de l'exception humaine. Il définissait l'humain par sa capacité dialectique (!) à transformer la nature et à lui imposer sa culture. Ce faisant, il dévaluait sans remords la vie et le travail des animaux. Ce qui est curieux, notent toutefois Kymlicka et Donaldson, c'est que la gauche a depuis longtemps abandonné cette idée hégéliano-colonialiste :

> Cette conception du bien humain, qui repose sur une dichotomie entre des capacités humaines supérieures et des fonctions purement animales est maintenant complètement discréditée à gauche. Et cela, non pas parce que cette conception ignore le fait que beaucoup d'animaux s'engagent dans des activités conscientes, intentionnelles et coopératives, mais parce qu'elle mène à des hiérarchies pernicieuses entre les humains. Affirmer que la valeur intrinsèque de l'humanité vient de sa capacité à transformer le monde extérieur par sa conscience réflexive conduit non seulement à privilégier les humains sur les animaux, mais aussi le travail productif des hommes sur le travail reproductif des femmes, les corps aptes sur ceux qui ont des incapacités et le système européen d'agriculture intensive et de propriété sur les formes traditionnelles de production de subsistance[7].

La gauche moderne refuse ce type de discriminations. Il serait donc temps qu'elle corrige son erreur
historique à l'endroit des animaux. Pour cela, il
faudra qu'elle renonce à son précieux «argument»:
on n'est quand même pas des animaux! Est-ce une
grande perte? Comme le montrent les expériences
de Kimberley Costello et Gordon Hodson que j'ai
présentées dans le dernier chapitre, le sentiment
d'égalité entre les hommes ne viendra pas de leur
séparation d'avec les animaux. On ne combat pas
la déshumanisation en sanctifiant l'humain.

J'étais prêt à me satisfaire de cette réponse à
mon interrogation initiale lorsque, finissant ce
livre, je suis tombé sur le nom de Sunaura Taylor.
Je connaissais ce nom pour l'avoir vue au générique
du film documentaire *Examined Life*[8]. Dans une
séquence mémorable, Sunaura Taylor, alors étu-
diante à Berkeley, se promène dans les rues de San
Francisco en compagnie de la philosophe Judith
Butler. Atteinte d'arthrogrypose, elle se déplace en
fauteuil électrique.

Elle profite de cette « marche » pour expliquer
à Judith Butler son rapport à l'espace public – qui
se réduit pour elle à l'espace accessible aux fau-
teuils roulants. Qu'est-ce que cela fait de vivre avec
un (ou d'être en situation de) handicap? Comment acheter du café? Comment le boire? Les
deux femmes sont détendues et la conversation
chaleureuse. Dans le ciel, le soleil est californien. Et
pendant qu'elles essaient un pull-over dans une
friperie de Mission District, quelque chose, quelque
part, se produit. Vous commencez à y voir plus
clair. Vous devinez l'étendue du rejet social.

Sunaura est artiste, auteure et militante. Elle milite contre le capacitisme (*ableism*), cette idéologie qui fait du handicap un manque, un échec ou une erreur. Ce que j'ai appris récemment, c'est qu'elle est aussi végane. Et elle fait des liens. Dans l'un de ses articles, elle dénonce l'argument qui légitime l'exploitation des animaux par le fait que les animaux d'élevage dépendent de nous («ils n'existeraient pas si nous ne les mangions pas»). C'est précisément un préjugé capacitiste que celui qui consiste à valoriser l'indépendance et l'autonomie au détriment de la dépendance et de la vulnérabilité. Comme le rappelle Sunaura, «en vérité, nous sommes tous dépendants. Comme êtres humains, nous commençons tous par dépendre des autres et la plupart d'entre nous termineront notre vie en dépendant des autres[9]».

Or, comme dans le cas des personnes avec un handicap, les animaux sont dévalorisés parce qu'il leur manque certaines capacités. Pourtant, «les auteurs en études du handicap (*disability studies*) soutiennent que ce n'est pas spécialement notre intelligence, notre rationalité, notre agilité, notre indépendance physique ou notre position bipède qui nous confère valeur et dignité[10]». Voilà peut-être ce qui offre à Sunaura un point de vue privilégié sur nos devoirs envers les animaux. Et voilà qui lui donne un certain poids, lorsqu'elle soutient que, pour elle, la notion welfariste de «viande *humane*» est un pur non-sens.

Je crois qu'il faut prêter l'oreille à ce que dit Sunaura Taylor. Dans le débat public, elle a tout autant sa place que ceux qui tirent profit de l'exploitation animale. Et je crois que les oreilles de gauche, tout particulièrement, devraient être attentives. Car si la notion d'égalité a un sens, il convient de reconsidérer l'intérêt des animaux. On peut et doit répéter la question.

J'ai écrit ce livre parce que j'en ai la capacité. Cela ne me donne aucun privilège moral sur quelqu'un qui ne l'aurait pas. Mais cela me confère le pouvoir d'expliquer ce que j'ai compris. Et j'ai compris qu'il existe aujourd'hui un large consensus parmi les philosophes et les scientifiques pour dire que les animaux sentients ont un intérêt à ne pas souffrir. J'ai compris que le véganisme est la conséquence morale et pratique de ce constat. C'est aussi un outil formidable pour lutter contre le réchauffement climatique, le gaspillage de l'eau et la perte de la biodiversité. Malheureusement, l'idéologie carniste et différents aspects de la psychologie humaine favorisent le statu quo.

Pourtant, rien n'y fait. Quelles que soient nos convictions politiques, quelles que soient nos pratiques alimentaires, nous devons tous répondre à une question fondamentale : comment vivre avec les animaux ? Faut-il tenir compte de leurs intérêts lorsque nous prenons des décisions qui les concernent ? C'est une question morale. C'est une question politique. Et c'est surtout une question sérieuse. Cela signifie qu'un silence un peu gêné ne constitue pas une réponse acceptable.

Dans ce livre, j'ai présenté différents acteurs d'un mouvement intellectuel et politique qui me semble l'un des plus intéressants de ces dernières années. J'espère que le portrait que j'en ai fait n'est pas trop infidèle. Ce que ces penseurs ont en commun ? Chacun à leur manière, ils luttent de façon non violente pour la justice animale, sociale et environnementale. Chacun à leur manière, ils répètent la question.

Et la question n'est pas de savoir si on est «pour ou contre» le véganisme. La question n'est pas de savoir si vous êtes capable d'arrêter les rillettes ou le foie gras. Elle n'est pas non plus celle de votre vertu individuelle ou de votre pureté spirituelle. Non, la question est ailleurs. C'est une question de principe – et de justice.

La question est collective : comment changer nos institutions pour qu'elles tiennent compte des animaux ? Ouverte : comment enseigner l'antispécisme à l'école ? Juridique : les animaux sont-ils des choses au même titre que les grille-pains ? Concrète : quels efforts individuels et collectifs sommes-nous prêts à fournir ? Et la question est chaque jour plus pressante : on fait quoi avec le climat ? et avec le zoocide ?

J'ai voulu présenter cette réponse qu'on nomme le véganisme. Au début, l'idée peut paraître un peu bizarre ou radicale. Mais, bien vite, on se rend compte que c'est parce qu'elle vise les oppressions à la racine. On reconnaît aussi qu'en pratique, c'est souvent moins contraignant qu'on ne l'imaginait. Et puis, plus on se répète la question et plus la réponse devient évidente. Parce qu'on finit par comprendre que le véganisme, ce n'est pas juste une idée. C'est une idée juste. Oui, en définitive, j'ai écrit ce livre parce que je crois en la force des idées.

REMERCIEMENTS

Merci à toutes celles et à tous ceux qui ont généreusement relu une partie (ou la totalité) du manuscrit : Béatrice Auger, Christiane Bailey, Frédéric Côté-Boudreau Anne-Sophie Cardinal, Élise Desaulniers, Eve Delmas, Antoine C. Dussault, Valéry Giroux, Mathieu Landry, Renan Larue, David Olivier, Dany Plouffe, Véronica Ponce, Marie Prévost, Élodie Ventura. Ils ne pourraient être tenus pour responsables des croyances et des désirs exprimés dans ce livre.

NOTES ET RÉFÉRENCES

Introduction

1. www.occupyforanimals.net.
2. Matthieu Ricard, *Plaidoyer pour les animaux,* Paris, Allary Éditions, 2014, chapitre 7.
3. David Olivier, «Qu'est-ce que le spécisme?», *Cahiers antispécistes,* n° 5, décembre 1992.
4. Jon Hochschartner, «Vegan Angela Davis Connects Human and Animal Liberation», *CounterPunch*, n° 24-26, janvier 2014, www.counterpunch.org/2014/01/24/vegan-angela-davis-connects-human-and-animal-liberation.

Chapitre 1

1. Philip Low *et al.,* «Déclaration de Cambridge sur la conscience», *Cahiers antispécistes,* n° 35, novembre 2012.
2. Christof Koch, «Consciousness Is Everywhere», *Huffington Post,* 15 novembre 2012, www.huffingtonpost.com/christof-koch/consciousness-is-everywhere_b_1784047.html.
3. Natalie Angier, «Pigs Prove to Be Smart, if Not Vain», *The New York Times,* 9 novembre 2009, www.nytimes.com/2009/11/10/science/10angier.html?_r=0.
4. Sarah Zielinski, «A Parrot Passes the Marshmallow Test», *Slate.com,* 9 septembre 2014, www.slate.com/blogs/wild_things/2014/09/09/marshmallow_test_of_self_control_an_african_grey_parrot_performs_as_well.html.
5. Gregory Berns, «Dogs Are People, Too», *The New York Times,* 5 octobre 2013, www.nytimes.com/2013/10/06/opinion/sunday/dogs-are-people-too.html?pagewanted=all&_r=0.
6. Marco Túlio Pires, «"Não é mais possível dizer que não sabíamos" diz Philip Low», *Veja,* 16 juillet 2012, http://veja.abril.com.br/noticia/ciencia/nao-e-mais-possivel-dizer-que-nao-sabiamos-diz-philip-low.

7. Jeremy Bentham, *Introduction aux principes de morale et de législation*, Paris, Vrin, 2011, p. 325.

8. Doris Lin, « Neuroscientists Declare Animals Have Consciousness », *About.com*, http://animalrights.about.com/od/animalrights 101/a/Neuroscientists-Declare-Animals-Have-Consciousness. htm.

9. Matthieu Ricard, *Plaidoyer pour les animaux*, Paris, Allary Éditions, 2014, p. 302.

10. Milan Kundera, *L'insoutenable légèreté de l'être*, Paris, Gallimard, 1984, p. 365.

11. Gary L. Francione, *Introduction to Animal Rights: Your Child or the Dog?*, Philadelphie, Temple University Press, 2000, p. 99 (traduction française à paraître aux éditions L'Âge d'homme).

12. Alastair Norcross, « Puppies, Pigs, and People: Eating Meat and Marginal Cases », *Philosophical Perspectives*, vol. 18, n° 1, 2004, p. 229-245.

13. *Ibid.*, p. 236.

14. www.animal-cross.org/elevage-industriel.

15. Pour une exception notable, voir Roger Scruton, « The Conscientious Carnivore », dans Steve Sapontzis (dir.), *Food for Thought: The Debate over Eating Meat*, Amherst, Prometheus, 2004.

16. Cité dans James McWilliams, « Aimer les animaux jusqu'à la mort », *Versus – magazine végane*, n° 1, printemps 2015.

17. James McWilliams, *The Modern Savage: Our Unthinking Decision to Eat Animals*, New York, Thomas Dunne Books, 2015, p. 8.

18. Hank Rothgerber, « Can You Have Your Meat and Eat It Too? Conscientious Omnivores, Vegetarians, and Adherence to Diet », *Appetite*, vol. 84, 2015, p. 202.

19. Gary L. Francione, « What Michael Vick Taught Us », *Abolitionistapproach.com*, 6 avril 2011, www.abolitionistapproach.com/ what-michael-vick-taught-us.

20. Cité dans Frédéric Côté-Boudreau, « Michael Fox: changement de conviction », *Coteboudreau.com*, 10 octobre 2013, http:// coteboudreau.com/2013/10/10/michael-fox.

21. Jacques Derrida, *L'animal que donc je suis*, Paris, Galilée, 2006, p. 125.

22. Florence Burgat, « Les animaux ne sont pas de la viande sur pied », *Terraeco.net*, 24 mai 2012, www.terraeco.net/Les-animaux-ne-sont-pas-de-la,44009.html.

23. Pour en savoir plus, voir l'article de Thomas Lepeltier, « Faut-il en finir avec l'expérimentation animale ? », *Scienceshumaines.com*, septembre 2014.

24. Sue Donaldson et Will Kymlicka, *Zoopolis: A Political Theory of Animal Rights*, New York, Oxford University Press, 2011, p. 10.

25. *Ibid.*, p. 159.

26. *Ibid.* p. 98.

27. *Ibid.*, p. 24.

28. Martha Nussbaum, *Capabilités. Comment créer les conditions d'un monde plus juste?*, Paris, Flammarion, 2012, p. 213.

29. Lisa Kemmerer (dir.), *Sister Species: Women, Animals, and Social Justice*, Chicago, University of Illinois Press, 2011, p. 1.

30. *Ibid.*, p. 29.

31. Carol J. Adams, « Preface » dans Lisa Kemmerer, *op. cit.*, p. x.

32. Marti Kheel, *Nature Ethics: An Ecofeminist Perspective*, Lanham (MD), Rowman & Littlefield, 2008, p. 251.

33. Greta Gaard, « Ecofeminism and Native American Cultures: Pushing the Limits of Cultural Imperialism? », dans Greta Gaard (dir.), *Ecofeminism: Women, Animals, Nature*, Philadelphie, Temple University Press, 1993, p. 301.

Chapitre 2

1. GIEC, « Changement climatique 2014, résumé à l'intention des décideurs », *Développement-durable.gouv.fr*, version du 7 avril 2014, p. 16, www.developpement-durable.gouv.fr/IMG/pdf/ONERC_Resume_decideurs_vol2_AR5_fr_non_officielle_V3_Figures.pdf.

2. Voir Audrey Garric, « Réchauffement climatique : les 10 points marquants du rapport du GIEC », *Le Monde*, 14 avril 2014.

3. Keynyn Brysse, Naomi Oreskes, Jessica O'Reilly et Michael Oppenheimer, « Climate Change Prediction: Erring on the Side of Least Drama? » *Global Environmental Change*, vol. 23, n° 1, 2013, p. 327-337. Voir aussi Stéphane Foucart, « Par prudence les experts du GIEC auraient sous estimés les effets du réchauffement climatique », *Le Monde*, 28 septembre 2013.

4. Clive Hamilton, *Requiem pour l'espèce humaine. Faire face à la réalité du changement climatique,* Paris, Les Presses de Science Po, 2013, p. 7.

5. « Climate Change Report Warns of Dramatically Warmer World This Century », *Worldbank.org,* 18 novembre 2012. www.world bank.org/en/news/feature/2012/11/18/Climate-change-report-warns-dramatically-warmer-world-this-century.

6. Clive Hamilton, *op. cit.,* p. 90.

7. Stéphane Foucart, « Les climatosceptiques qui valaient des milliards », *Le Monde,* 31 décembre 2013.

8. Michael Cummings, Chris Morley, Andrew Hyland, « Failed Promises of the Cigarette Industry and Its Effect on Consumer Misperceptions about the Health Risks of Smoking », *Tobacco Control,* n° 11, suppl. 1, 2002, i110-i117.

9. Commissariat général au développement durable, « Baromètre d'opinion sur l'énergie et le climat en 2013 », *Chiffres & statistiques,* n° 440, août 2013, www.developpement-durable.gouv.fr/IMG/pdf/CS440.pdf.

10. Pew Research Center, « Keystone XL Pipeline Draws Broad Support », *People-press.org,* 2 avril 2013, www.people-press.org/2013/04/02/keystone-xl-pipeline-draws-broad-support/.

11. Robert Gifford, « The Dragons of Inaction: Psychological Barriers That Limit Climate Change Mitigation and Adaptation », *American Psychologist,* vol. 66, n° 4, 2011, p. 290-302.

12. David Budescu, Stephen Broomell et Han-Hui Por, « Improving Communication of Uncertainty in the Reports of the Intergovernmental Panel on Climate Change », *Psychological Science,* vol. 20, n° 3, 2009, p. 299-308.

13. Robert Gifford, *loc. cit.,* p. 293.

14. Kari Marie Norgaard, « "We Don't Really Want to Know": Environmental Justice and Socially Organized Denial of Global Warming in Norway », *Organization & Environment,* vol. 19, n° 3, 2006. p. 347-370.

15. Robert Gifford, *loc. cit.,* p. 296.

16. Linnea Laestadius *et al.,* « Meat Consumption and Climate Change: The Role of Non-Governmental Organizations », *Climatic Change,* vol. 120, n°s 1-2, 2013, p. 25-38.

17. Pierre Gerber *et al.,* « Tackling Climate Change Through Livestock: A Global Assessment of Emissions and Mitigation Oppor-

tunities », Food and Agricultural Organisation of the United Nations (FAO), Rome, 2013, www.fao.org/docrep/018/i3437e/i3437e.pdf?_ga=1.173820007.536974183.1402424655.

18. United States Environmental Protection Agency, « Global Greenhouse Gas Emissions Data », www.epa.gov/climatechange/ghgemissions/global.html.

19. Peter Scarborough *et al.,* « Dietary Greenhouse Gas Emissions of Meat-Eaters, Fish-Eaters, Vegetarians and Vegans in the UK », *Climatic Change,* vol. 125, n° 2, 2014, p. 179-192.

20. *Ibid.,* p. 188.

21. Le calculateur est accessible à l'adresse suivante : http://global calculator.org.

22. Laura Wellesley, « If We All Eat Meat, We're Doomed », *Newsweek,* 31 janvier 2015, www.newsweek.com/if-we-all-eat-meat-were-doomed-303014.

23. Christopher Weber et Scott Matthews, « Food-Miles and the Relative Impacts of Food Choices in the United States », *Environmental Sciences & Technology,* vol. 42, n° 10, 2008, p. 3508-3513. http://pubs.acs.org/doi/abs/10.1021/es702969f.

24. Cité dans Tom Levitt, « We Need to Talk About Meat Consumption and Climate Change », *Earthisland.org,* 8 décembre 2014, www.earthisland.org/journal/index.php/elist/eListRead/we_need_to_talk_about_meat_consumption_and_climate_change.

25. www.waterfootprint.org/?page=files/Animal-products.

26. Henning Steinfeld *et al., Livestock's Long Shadow: Environmental Issues and Options,* Rome, FAO, 2006, p. 212.

27. *Ibid.*

28. Les chiffres proviennent de la liste rouge de l'Union internationale pour la conservation de la nature : www.uicn.fr/la-liste-rouge-des-especes.html.

29. David Kaimowitz *et al.,* « Hamburger Connection Fuels Amazon Destruction », Jakarta, Center for International Forestry Research, 2004, www.cifor.org/publications/pdf_files/media/Amazon.pdf.

30. Henning Steinfeld *et al., op. cit.,* p. 182.

31. Vaclav Smil, « Eating Meat: Evolution, Patterns, and Consequences » *Population and Development Review,* vol. 28, n° 4, 2002, p. 599-639.

32. Eliza Barclay, « Maybe It's Time to Swap Burgers For Bugs, Says U.N. », *Npr.org*, www.npr.org/blogs/thesalt/2013/05/13/183676 929/maybe-its-time-to-swap-burgers-for-bugs-says-u-n.

33. Ivor Clucas, « Discards and Bycatch in Shrimp Trawl Fisheries », Rome, *FAO Fisheries Circular*, 1997, www.fao.org/docrep/W6602E/w6602E09.htm. Sur l'industrie de la pêche en général, voir Élise Desaulniers, *Je mange avec ma tête. Les conséquences de nos choix alimentaires*, Montréal, Stanké, 2011, chapitre 3.

34. James McWilliams, « The Myth of Sustainable Meat », *The New York Times*, 12 mai 2012, www.nytimes.com/2012/04/13/opinion/the-myth-of-sustainable-meat.html

35. Wan-chen Jenny Lee, Mitsuru Shimizu, *et al.*, « You Taste What You See: Do Organic Labels Bias Taste Perceptions? » *Food Quality and Preference*, vol. 29, n° 1, 2013, p. 33-39.

36. Kari Hamerschlag, « Meat Eater's Guide to Climate Change + Health », Washington, DC, Environmental Working Group, 2011, http://static.ewg.org/reports/2011/meateaters/pdf/report_ewg_meat_eaters_guide_to_health_and_climate_2011.pdf.

37. Laurence Caramel, « Comment diviser par deux les émissions de gaz à effet de serre d'ici à 2050 ? », *Le Monde*, 29 avril 2014.

38. Paul Watson, « Frequently Asked Questions », *Sheashepherd.org*, www.seashepherd.org/commentary-and-editorials/2008/10/26/frequently-asked-questions-286.

39. Chris Hedges, « Saving the Planet, One Meal at a Time », *Thruthdig.com*, 9 novembre 2014, www.truthdig.com/report/item/saving_the_planet_one_meal_at_a_time_20141109.

40. John Vidal, « Food Shortages Could Force World Into Vegetarianism, Warm Scientists », *The Guardian*, 26 août 2012, www.theguardian.com/global-development/2012/aug/26/food-shortages-world-vegetarianism.

41. Clive Hamilton, *op. cit.*, p. 240.

42. www.carbonmap.org/#Consumption.

Chapitre 3

1. Leon Festinger, Henry Riecken et Stanley Schachter, *When Prophecy Fails*, Minneapolis, University of Minnesota Press, 1956 [traduction française : *L'échec d'une prophétie*, Paris, Presses universitaires de France, 1993, p. 1].

2. Joel Cooper, *Cognitive Dissonance: Fifty Years of a Classic Theory,* Thousand Oaks, Sage Publications, 2007.

3. Karen Hussar et Paul Harris, « Children Who Choose Not to Eat Meat: A Study of Early Moral Decision-Making », *Social Development,* vol. 19, n° 3, 2010, p. 627-641.

4. Marissa Harrison et A.E. Hall, « Anthropomorphism, Empathy, and Perceived Communicative Ability Vary with Phylogenetic Relatedness to Humans », *Journal of Social, Evolutionary, and Cultural Psychology,* vol. 4, n° 1, 2010, p. 34-48. Voir aussi : Rae Westbury et David Neumann, « Empathy-Related Responses to Moving Film Stimuli Depicting Human and Non-Human Animal Targets in Negative Circumstances », *Biological Psychology,* vol. 78, n° 1, 2008, p. 66-74. D'autres facteurs entrent toutefois en jeu. Lorsqu'on examine les réactions d'étudiants américains à des descriptions d'agressions, on constate que les bébés humains sont ceux qui déclenchent le plus d'empathie, suivis par les bébés chiens, les chiens adultes et les humains adultes. Pour le sociologue Jack Levin, c'est bien la preuve que l'âge des victimes et leur vulnérabilité sont déterminants. Voir Steve Annear, « Study: Students Are More Empathetic towards Puppies than People », *Boston Magazine,* 19 août 2013, www.bostonmagazine.com/news/blog/2013/08/19/northeastern-study-puppies-empathy-levin-arluke.

5. Jean-Jacques Rousseau, *Discours sur l'origine et les fondements de l'inégalité parmi les hommes,* Paris, Gallimard, coll. « Folio essais », 1969, p. 55.

6. Marguerite Yourcenar, *Le temps, ce grand sculpteur,* Paris, Gallimard, 1983, p. 148.

7. Lori Gruen, « Empathy and Vegetarian Commitments », dans S.F. Sapontzis (dir.), *Food for Thought: The Debate Over Eating Meat,* Amherst (NY), Prometheus Books, 2004, p. 290.

8. Steve Loughnan, Brock Bastian et Nick Haslam, « The Psychology of Eating Animals », *Current Directions in Psychological Science,* vol. 23, n° 2, 2014, p. 104.

9. Michael Susman, « Ten Quick Questions With: Steve Loughnan », 7 mars 2013, www.melbournemoralpsychologylab.com/blog/ten-quick-questions-steve-loughnan.

10. Hank Rothgerber, « Efforts to Overcome Vegetarian-Induced Dissonance Among Meat Eaters », *Appetite,* vol. 79, 2014, p. 32-41.

11. David Chauvet, *Contre la mentaphobie*, Lausanne, L'Âge d'Homme, 2014, p. 11.

12. Voir Victoria Braithwaite, *Do Fish Feel Pain?*, Oxford, Oxford University Press, 2010.

13. Steve Loughnan, Nick Haslam et Brock Bastian, « The Role of Meat Consumption in the Denial of Mind and Moral Status to Meat Animals », *Appetite*, vol. 55, 2010, p. 156-159.

14. Brock Bastian, Steve Loughnan, Nick Haslam et H.R.M. Radke, « Don't Mind Meat? The Denial of Mind to Animals Used for Human Consumption », *Personality and Social Psychology Bulletin*, vol. 38, n° 2, 2012, p. 254.

15. *Ibid.*

16. Boyka Bratanova, Steve Loughnan et Brock Bastian, « The Effect of Categorization as Food on the Perceived Moral Standing of Animals », *Appetite*, vol. 57, 2011, p. 193-196.

17. http://daily.bhaskar.com/article/SCT-NEWS-2030-what-will-astronauts-eat-on-mars-all-veggies-3536415.html

18. www.dietitians.ca/Nutrition-Resources-A-Z/Factsheets/Vegetarian/Eating-Guidelines-for-Vegans.aspx.

19. www.pcrm.org/pdfs/health/Nutrition-Fact-Sheets/vegan-quantity-recipe-credits.pdf.

20. Cédric Garrofé, « Une première école 100 % végétalienne aux États-Unis », *Végémag.fr*, 23 juillet 2014, www.vegemag.fr/actualite/premiere-ecole-100-vegetalienne-aux-etats-unis-2969.

21. www.ncbi.nlm.nih.gov/pmc/articles/PMC3662288/.

22. Voir notamment la position de l'American Dietetic Association de 2003 : www.ncbi.nlm.nih.gov/pubmed/12778049.

23. S.R. Hertzler, B.C.L. Huynh et D.A. Savaiano, « How Much Lactose is Low Lactose? », *Journal of the American Dietetic Association*, vol. 96, n° 3, 1996, p. 243-246.

24. Leslie Beck, « Why the Man Who Brought Us the Glycemic Index Wants Us to Go Vegan », *The Globe and Mail*, 22 février 2015.

25. Michael Orlich, Pramil, Singh, Joan Sabaté, *et al.* « Vegetarian Dietary Patterns and Mortality in Adventist Health Study 2 », *Journal of the American Medical Association (JAMA)*, vol. 173, n° 13, 2013, p. 1230-1238.

26. Cité dans Marie Laforêt, *Vegan*, Paris, Éditions La Plage, 2014, p. 20.

27. Albert Bandura, « Moral Disengagement in the Perpetration of Inhumanities », *Personality and Social Psychology Review,* vol. 3, n° 3, 1999, p. 196.

28. Joao Graça, Maria Manuela Calheiros et Abilio Oliviera, « Moral Disengagement in Harmful but Cherished Food Practices? An Exploration into the Case of Meat », *Journal of Agricultural and Environmental Ethics,* vol. 27, n° 5, 2014, p. 749-765.

29. Hank Rothgerber, « "But I Don't Eat That Much Meat". Situational Underreporting of Meat Consumption by Women », *Society & Animals*, à paraître.

30. Carol J. Adams, *Living among Meat Eaters: The Vegetarians' Survival Handbook,* NewYork, Lantern Book, 2008, p. 82.

31. Matthew Cole et Karen Morgan, « Vegaphobia: derogatory discourses of veganism and the reproduction of speciesism in UK national newspapers », *British Journal of Sociology,* vol. 62, n° 1, 2011, p. 142.

32. Melanie Joy, *op. cit.,* p. 105.

33. Renan Larue, *Le végétarisme et ses ennemis. Vingt-cinq siècles de débats,* Paris, Presses universitaires de France, 2015, p. 257.

34. Julia Minson et Benoît Monin, « Do-Gooder Derogation Disparaging Morally Motivated Minorities to Defuse Anticipated Reproach », *Social Psychological and Personality Science,* vol. 3, n° 2, 2012, p. 200-207.

35. http://grenier.veggiepride.fr/2011/livret_v%C3%A9g%C3%A9phobie_pour_lecture.pdf.

36. S.I. Barr et G.E. Chapman, « Perceptions and Practices of Self-Defined Current Vegetarian, Former Vegetarian, and Nonvegetarian Women », *Journal of the American Dietetic Association,* vol. 102, n° 3, p. 354-360. Sur le végétarisme temporaire, voir aussi Philippe Gruca, « Pouvons-nous compter sur une "prise de conscience"? », *L'Écologiste,* n° 33, 2011, p. 28-37.

37. Élise Desaulniers, « Stevan Harnad : j'ai honte d'avoir été végétarien pendant 50 ans », 28 mai 2013, http://voir.ca/elise-desaulniers/2013/05/28/stevan-harnad«-ai-honte-d%E2%80%99 avoir-ete-vegetarien-pendant-50-ans-».

38. Keith Markman, Nobuko Mizoguchi et Matthew McMullen, « "It Would Have Been Worse under Saddam:" Implications of Counterfactual Thinking for Beliefs Regarding the Ethical Treatment of Prisoners of War », *Journal of Experimental Social Psychology,* vol. 44, n° 3, 2008, p. 650-654.

39. Élise Desaulniers, « Stevan Harnad : j'ai honte d'avoir été végétarien pendant 50 ans », *loc. cit.*

40. Jean-Baptiste Jeangène Vilmer, « Les sophismes de la corrida », *Libération*, 31 août 2010, www.liberation.fr/societe/2010/08/31/les-sophismes-de-la-corrida_675468.

41. Amos Tversky et Daniel Kahneman, « Advances in Prospect Theory : Cumulative Representation of Uncertainty », *Journal of Risk and Uncertainty*, vol. 5, n° 4, 1992, p. 297-323.

42. Scott Eidelman, Christian Crandall et Jennifer Pattershall, « The existence bias », *Journal of Personality and Social Psychology*, vol. 97, n° 5, 2009, p. 765-775.

43. Patricia Kanngiesser *et al.*, « The Limits of Endowment Effects in Great Apes (*Pan Paniscus, Pan Troglodytes, Gorilla Gorilla, Pongo Pygmaeus*) », *Journal of Comparative Psychology*, vol. 125, n° 4, 2011, p. 436-445.

44. Jonathan Safran Foer, *Faut-il manger des animaux ?*, Paris, Éditions de l'Olivier, 2011, p. 28.

45. Melvin Lerner et Dale Miller, « Just World Research and the Attribution Process : Looking Back and Ahead », *Psychological Bulletin*, vol. 85, n° 5, 1976, p. 1030-1051.

46. Zick Rubin et Letita Anne Peplau, « Who Believes in a Just World? », *Journal of Social Issues*, vol. 31, n° 3, 1975, p. 65-89.

47. Martin Gibert et Élise Desaulniers, « Carnism », Paul Thompson et David Kaplan (dir.) *Encyclopedia of Food and Agricultural Ethics*, New York, Springer, 2014.

48. Melanie Joy, *op. cit.*, p. 32.

49. Melanie Joy, « Understanding Neocarnism : How Vegan Advocates Can Appreciate and Respond to "Happy Meat," Locavorism, and "Paleo Dieting" », *One Green Planet*, 29 juillet 2012, www.onegreenplanet.org/lifestyle/understanding-neocarnism/.

50. Estiva Reus, « Le paradoxe de la viande : comment peut-on ne pas être végétarien ? », *Cahiers antispécistes*, n° 35, novembre 2012, www.cahiers-antispecistes.org/spip.php?article417.

51. « Le lapin cherche à rebondir », *Paysan breton hebdo*, 28 juin 2013, www.paysan-breton.fr/article.php?id=14231.

Chapitre 4

1. Jean-Paul Sartre, *L'existentialisme est un humanisme*, Paris, Gallimard, 1996, p. 26.

2. Jean-Marie Schaeffer, *La fin de l'exception humaine,* Paris, Gallimard, 2007, p. 26 (souligné dans le texte).

3. Renan Larue, *op. cit.,* p. 105. Le second chapitre «Le Dieu omnivore» porte précisément sur le christianisme et le végétarisme.

4. David Rouget, *La violence de l'humanisme. Pourquoi nous faut-il persécuter les animaux?,* Paris, Calmann-Lévy, 2014. Voir aussi Adam Weitzenfeld et Melanie Joy, qui préfèrent parler d'anthropocentrisme pour qualifier le système de croyances qui maintient «la centralité et la priorité de l'existence humaine en marginalisant et en subordonnant les entités, les intérêts et les perspectives non humaines» (Adam Weitzenfeld et Melanie Joy, «An Overview of Anthropocentrism, Humanism, and Speciesism in Critical Animal Theory», dans Anthony Nocella (dir.), *Defining Critical Animal Studies: An Intersectional Social Justice Approach for Liberation,* New York, Peter Lang, 2014, p. 4).

5. Stephen L. Clark, *The Moral Status of Animals,* New York, Oxford University Press, 1977, p. 108.

6. Freud, «Une difficulté de la psychanalyse», *Œuvres complètes,* t. 15, *Psychanalyse 1916-1920,* Paris, Presses universitaires de France, 1996, p. 47. On retrouve une idée proche de celle de Freud dans la théorie de la gestion de la peur que j'évoque à la fin de ce chapitre.

7. David Olivier, «Pour un radicalisme réaliste», *Cahiers antispécistes,* n° 17, avril 1999, www.cahiers-antispecistes.org/spip.php ?article137#nb5.

8. Claude Lévi-Strauss, «On m'a souvent reproché d'être antihumaniste», *Le Monde,* 21-22 janvier 1979.

9. Yuval Harari, *Sapiens: A Brief History of Humankind,* Toronto, Signal, 2014.

10. Yuval Harari, *op. cit.,* chapitre 5.

11. *Ibid.,* p. 341.

12. David Nibert, *Animal Oppression and Human Violence: Domesecration, Capitalism, and Global Conflict,* New York, Columbia University Press, 2013, p. 2.

13. Thomas Miles, «WWF Report: Global Wildlife Populations down by Half since 1970», *CBC,* 29 septembre 2014, www.cbc. ca/news/world/wwf-report-global-wildlife-populations-down-by-half-since-1970-1.2782031.

14. Zac Goldsmith, «At This Rate, Elephants Will Be Wiped out within 10 Years», *The Independent,* 18 décembre 2013, www.independent.co.uk/voices/comment/at-this-rate-elephants-will-be-wiped-out-within-10-years-9012557.html.

15. Voir, par exemple, Franz de Waal, *L'âge de l'empathie. Leçon de la nature pour une société solidaire,* Paris, Les liens qui libèrent, 2010.

16. Massimo Filippi *et al.,* «The Brain Functional Networks Associated to Human and Animal Suffering Differ among Omnivores, Vegetarians and Vegans», *PLoS ONE,* vol. 5, n° 5, 2010.

17. Brooke Preylo et Hiroko Arikawa, «Comparison of Vegetarians and Non-Vegetarians on Pet Attitude and Empathy», *Anthrozoos,* vol. 21, n° 4, 2008, p. 387-395; Tania Signal et Nicola Taylor, «Empathy and Attitudes to Animals», *Anthrozoos,* vol. 18, n° 1, 2005, p. 18-27.

18. Matthieu Ricard, «Il n'y a aucune indécence à se préoccuper du sort des bêtes», *Le Monde,* 14 décembre 2014.

19. Valéry Giroux, «Pourquoi s'intéresser aux animaux?», 19 janvier 2014, http://penseravantdouvrirlabouche.com/2014/01/19/pourquoi-sinteresser-aux-animaux.

20. Matthew Ruby *et al.,* «Compassion and Contamination: Cultural Differences in Vegetarianism», *Appetite,* vol. 71, 2013, p. 340-348.

21. Matthew Ruby, «Vegetarianism: A Blossoming Field of Study», *Appetite,* vol. 58, 2012, p. 141-150.

22. Emma Lea et Anthony Worsley, «Benefits and Barriers to the Consumption of a Vegetarian Diet in Australia», *Public Health Nutrition,* vol. 6, n° 5, 2003, p. 505-511.

23. Matthew Ruby, *loc. cit.,* p. 146.

24. D'un point de vue plus technique – et pour faire le lien avec le premier chapitre –, on peut dire qu'il s'agit de distinguer la logique déontologique du tout ou rien (soit on respecte un droit fondamental, soit on ne le respecte pas) de la logique conséquentialiste du plus ou moins (une action est plus ou moins bonne en fonction de la valeur attendue de ses conséquences). Plusieurs dilemmes moraux proviennent de ce que nous avons en même temps des intuitions morales de natures déontologiques et conséquentialistes.

25. Kimberlé Crenshaw, « Intersectionality: The Double Bind of Race and Gender. Interview with Kimberlé Crenshaw », *American Bar Association,* printemps 2004.

26. Marianne Arbogast, « A Feminist-Vegetarian Ethic: An Interview with Carol J. Adams », *Witness Magazine,* vol. 95, n° 9 septembre 2002, p. 10-13, www.caroljadams.com/text_interview4.html.

27. Élise Desaulniers, « Les vrais mâles préfèrent la viande », *Françoise Stéréo,* n° 1, 2014, http://francoisestereo.com/les-vrais-males-preferent-la-viande-convergences-du-feminisme-et-de-lantispecisme-1.

28. Matthew Ruby et Steven Heine, « Meat, Morals, and Masculinity », *Appetite,* vol. 56, 2011, p. 447-450.

29. Breeze Harper, « Connection: Speciesism, Racism, and Whiteness as the Norm », dans Lisa Kemmerer (dir.), *op. cit.,* p. 76.

30. William Harper, « Memoir on Slavery », dans *The Pro-Slavery Argument, as Maintained by the Most Distinguished Writers of the Southern States,* 1852, p. 1-98 [Reprint New York, Negro Universities Press, 1968].

31. Marjorie Spiegel, *The Dreaded Comparison: Human and Animal Slavery,* New York, Miror Books, 1985, p. 23.

32. Sophie Trawalter, Kelly Hoffman et Adam Waytz, « Racial Bias in Perceptions of Others' Pain », *PLoS ONE,* vol. 7, n° 11, 2012.

33. Phillip Goff, Jennifer Eberhardt, Melissa Williams et Matthew Jackson, « Not Yet Human: Implicit Knowledge, Historical Dehumanization, and Contemporary Consequences », *Journal of Personality and Social Psychology,* vol. 94, n° 2, 2008, p. 292-306.

34. Jeremy Bentham, *Introduction aux principes de morale et de législation,* Paris, Vrin, 2011, p. 325.

35. Avi Solomon, « Working Undercover in a Slaughterhouse: An Interview with Timothy Pachirat », *Boingboing.net,* 8 mars 2012. http://boingboing.net/2012/03/08/working-undercover-in-a-slaugh.html.

36. Amy Fitzgerald, Linda Kalof et Thomas Dietz, « Slaughterhouses and Increased Crime Rates: An Empirical Analysis of Spillover from "The Jungle" into the Surrounding Community », *Organization and Environment,* vol. 22, n° 2, 2009, p. 158-184.

37. Rebecca Schwartz, William Fremouw, Allison Schenk et Laurie Ragatz, « Psychological Profile of Male and Female Animal

Abusers», *Journal of Interpersonal Violence,* vol. 27, n° 5, 2012, p. 846-861.

38. Pour en savoir davantage sur ces phénomènes de cadrage (*framing*) et sur la manière dont ils biaisent notre perception et notre jugement moral, on peut consulter le quatrième chapitre de mon livre *L'imagination en morale,* Paris, Hermann, 2014.

39. Voir notamment l'ouvrage de David Livingstone Smith, *Less Than Human: Why We Demean, Enslave and Exterminate Others,* New York, St. Martin's Press, 2011.

40. Jamie Goldenberg, *et al.,* «I Am Not an Animal: Mortality Salience, Disgust, and the Denial of Human Creatureliness», *Journal of Experimental Psychology: General,* vol. 130, n° 3, 2001, p. 432.

41. Peggy McIntosh, «White Privilege and Male Privilege: A Personal Acount of Coming to See Correspondences through Work in Women's Studies», Document de travail 189, Wellesley Centers for Women, Wellesley (MA),1988.

42. *Ibid.*

43. McIntosh, Peggy, «White Privilege: Unpacking the Invisible Knapsack», *Peace and Freedom,* 1989, p. 89.

44. Ruby Hamad, «Intersecting Oppressions: Perspectives from a Muslim Vegan Feminist», *The Scavenger,* 11 avril 2013, www.thescavenger.net/social-justice-to-all/social-justice-for-animals/861-intersecting-oppressions-perspectives-from-a-muslim-vegan-feminist.html.

45. Voir pattrice jones, «Intersectionality and Animals», 11 octobre 2013, http://blog.bravebirds.org/archives/1553. Il s'agit du résumé d'une conférence donnée en septembre 2013 au Luxembourg dans le cadre de l'International Animal Rights Conference (IARC).

46. *Ibid.*

47. Gwennaël Bolomey lui a consacré un documentaire: *Entretiens avec un égalitariste: Yves Bonnardel,* 26 mn 52 s, 2013, www.youtube.com/watch?v=zfT31C6Mbnc.

48. Sylvie Seguin, «(Belle) rencontre avec Yves Bonnardel», *Médiapart,* 16 octobre 2014, http://blogs.mediapart.fr/edition/droits-des-animaux/article/161014/bellerencontre-avec-yves-bonnardel.

49. Yves Bonnardel, «En finir avec l'idée de Nature: renouer avec l'éthique et la politique», *Les Temps Modernes,* mars-juin 2005, p. 8, http://tahin-party.org/finir-idee-nature.html.

50. Yves Bonnardel, *loc. cit.,* p. 5.

51. Voir sur ce point le texte de la juriste et activiste végane Doris Lin : http://penseravantdouvrirlabouche.com/2014/10/11/racisme-et-question-animale.

52. Kristof Dhont et Gordon Hodson, « Why Do Right-Wing Adherents Engage in More Animal Exploitation and Meat Consumption ? », *Personality and Individual Differences,* vol. 64, 2014, p. 12-17.

53. Michael Allen, Marc Wilson, Sik Hung Ng et Michael Dunne, « Values and Beliefs of Vegetarians and Omnivores », *Journal of Social Psychology,* vol. 140, n° 4, 2000, p. 405-422.

54. Kristof Dhont et Gordon Hodson, *loc. cit.,* p. 16.

55. Kristof Dhont, Gordon Hodson, Kimberly Costello et Cara MacInnis, « Social Dominance Orientation Connects Prejudicial Human–Human and Human–Animal Relations », *Personality and Individual Differences,* n° 61-62, 2014, p. 105-108.

56. Kimberly Costello et Gordon Hodson, « Exploring the Roots of Dehumanization: The Role of Animal-Human Similarity in Promoting Immigrant Humanization », *Group Processes and Intergroup Relations,* vol. 13, n° 1, 2009, p. 3-22.

57. Kimberly Costello et Gordon Hodson, « Explaining Dehumanization among Children: The Interspecies Model of Prejudice », *British Journal of Social Psychology,* vol. 53, n° 1, 2014, p. 175-197.

58. Gordon Hodson et Kimberley Costello, « The Human Cost of Devaluing Animals », *New Scientist,* vol. 276, n° 2895, 2012, p. 35.

59. Louise Michel, *Mémoires de Louise Michel. Écrits par elle-même,* Paris, Maspero, 1976, p. 91-92.

60. Émile Zola, *Nouvelle campagne,* Paris, Bibliothèque Charpenthier, 1897, p. 85-97.

Conclusion

1. Steven Pinker, *The Better Angels of Our Nature: Why Violence Has Declined,* New York, Viking, 2011.

2. Peter Singer, « The Abuse of Animals Won't Stop until We Stop Eating Meat », *The Guardian,* 11 février 2015, www.theguardian.com/commentisfree/2015/feb/11/abuse-animals-meat-eating-industry-liberation-speciesism.

3. Peter Singer, *La libération animale,* Paris, Payot, 2012, p. 401.

4. Thalia Wheatley et Jonathan Haidt, « Hypnotic Disgust Makes Moral Judgments More Severe », *Psychological Science,* vol. 6, n° 10, 2005, p. 780-784.

5. Matthew Lieberman, *Social: Why Our Brains Are Wired to Connect,* Oxford, Oxford University Press, 2013, p. 67.

6. Will Kymlicka et Sue Donladson, « Animal Rights, Multiculturalism, and the Left », *Journal of Social Philosophy,* vol. 45, n° 1, 2014, p. 116-135.

7. Will Kymlicka et Sue Donladson, *loc. cit.,* p. 116.

8. Astra Taylor, *Examined Life,* 2008, 87 mn.

9. Sunaura Taylor, « Interdependent Animals: A Feminist Disability Ethic-of-Care » dans Carol J. Adams et Lori Gruen, *Ecofeminism: Feminist Intersections with Other Animals and the Earth,* New York, Bloomsbury, 2014, p. 112

10. Sunaura Taylor, « Vegans, Freaks, and Animals: Towards a New Table Fellowship », *American Quaterly,* vol. 65, n° 3, 2013, p. 761.

TABLE DES MATIÈRES

CET OUVRAGE A ÉTÉ IMPRIMÉ EN OCTOBRE
2016 SUR LES PRESSES DES ATELIERS DE
L'IMPRIMERIE MARQUIS POUR LE COMPTE DE
LUX, ÉDITEUR À L'ENSEIGNE D'UN CHIEN D'OR
DE LÉGENDE DESSINÉ PAR ROBERT LAPALME

La révision du texte a été réalisée
par Robert LALIBERTÉ

L'infographie est de Claude BERGERON

La conception graphique de la couverture
est de David DRUMMOND

Lux Éditeur
c.p. 60191
Montréal, Qc, H2J 4E1

Diffusion et distribution
Au Canada : Flammarion
En Europe : Harmonia Mundi

Imprimé au Québec
sur papier recyclé 100 % postconsommation